LA TORCHE COUPANTE

Manuel d'Ecole du
Dimanche
et d'Etude

Torche numéro 3

Révérend Renaut Pierre-Louis

Pour toutes informations et pour vos commandes, adressez-vous à

Peniel Haitian Baptist Church
P.O. Box 100323
Fort Lauderdale, FL 33310
Phone : 954- 525-2413
Cell : 954- 242-8271
Website : www.theburningtorch.net
Website : www.peniel baptist.org
e-mail : renaut@theburningtorch.net
e-mail : renaut_cyrille@hotmail.com

Copyright © 2019 by Renaut Pierre-Louis

Tous droits réservés @ Rev. Renaut Pierre-Louis

Attention : Il est illégal de reproduire ce livre, en tout ou en partie, sous quelque forme ou par quelque procédé que ce soit, électronique, mécanique, photographique, sonore, magnétique ou autre, sans avoir obtenu au préalable, l'autorisation écrite de l'auteur.

Les ouvrages dans les trois langues, anglaise, française et créole sont aussi disponibles chez :

Renaut Pierre-Louis
720 SW 4th Ave Fort Lauderdale, FL 33315

Michel Joseph
191-21 118 Rd. St. Albans, N.Y. 11412
Phones : 917-853-6481 718-949-0015

Rev. Julio Brutus
P.O. Box 7612 Winter Haven, FL 33883
Phones: 863-299- 3314 863- 651-2724

Rev. Edouard Georcinvil
725 NE 179th Terr N. Miami Beach FL 33162
Phones: 305-493-2125 305-763-1087

Rev. Evans Jules
Eglise Baptiste Bethel
5780 W. Atlantic Ave Delray Beach, FL 34444
Phones: 561-452-8273 561-498-2855

Iliana Dieujuste
2432 Indian Bluff Dr.
Dacula , GA 30019
Phones : 954- 773- 6572 954-297-4656

Série 1-

L'Evangélisation

Avant-propos

L'Evangélisation, une institution néotestamentaire. Un commandement du Seigneur. Sa dernière volonté était explicitée dans ces paroles: « Tout pouvoir m'a été donné dans le ciel et sur la terre. Allez, faites de toutes les nations des disciples, les baptisant au nom du Père, du Fils et du Saint Esprit ».

Il est évident que la machine de guerre de l'évangile contre la puissance des ténèbres ne peut s'arrêter un moment. Le Seigneur ne chôme pas. Il donne tant de priorité à son message qu'Il arrive même à éliminer dans son agenda le Sabbat, une institution rigide de l'Ancienne Alliance. Et voici, dit-Il, je serai avec vous tous les jours, (le jour du sabbat compris) jusqu'à la fin du monde.

Partant de ce principe, l'église d'aujourd'hui, détentrice d'une pareille mission, a pour devoir, non seulement de venir adorer, mais de recevoir le message et d'aller le répandre partout. Que personne ne s'excuse en disant que c'est la tâche du pasteur. Les apôtres n'étaient pas des pasteurs. Le savez-vous ?

Si vous recevez le message sans vous engager à le propager, vous serez comme la Mer Morte, l'endroit le plus bas sur la surface de la terre. (1200 pieds au-dessous du niveau de la mer). En effet, elle reçoit et emmagasine les eaux de la Mer de Galilée et du Jourdain. Et comme résultat, sa concentration saline de 300 degrés empêchent les poissons d'y vivre.

Quand le chrétien reçoit les messages, les instructions à l'Etude Biblique et à l'Ecole du Dimanche sans jamais les partager, il court le risque d'être rempli sans pouvoir digérer la parole. Il s'ennuie et s'enfle d'orgueil. Il devient habile à discuter non pas pour l'édification mais pour paraître. A la fin, il devient un problème pour l'église, pour lui –même et pour les autres.
Frère, rappelez-vous de ceci: Dieu se fait souci d'une chose: le salut des âmes. Si vous abondez dans son sens, pourquoi ne pas accepter son compromis, savoir:

«Cherchez premièrement le royaume et la justice de Dieu, et toutes ces choses dont vous vous faites souci, vous seront données par surcroît?». En d'autres termes, occupez-vous d'abord de mes affaires, je me chargerai ensuite des vôtres. Je vous prie bien-aimé, d'aborder ce travail avec cet esprit. Ainsi, une fois engagé dans les champs missionnaires, vous connaîtrez la belle aventure d'une vie dédicacée au Seigneur avec tous les risques qu'elle comporte et toutes les bénédictions qui s'y attachent. Allez y donc!

L'Auteur

Leçon 1
L'Evangélisation, Un Commandement Néo-Testamentaire

Textes pour la préparation: Ex.19:5; Mt. 16:18; 24:14; 28:16-20; Mc. 16:15-16; Jn. 3:13-36; 9:7; Ac.1:1-14; Ph. 16

Versets à lire en classe: Mc. 16:15-18

Verset à mémoriser: Puis il leur dit: Allez par tout le monde, et prêchez la bonne nouvelle à toute la création. Mc. 16:15

But: Montrer l'étendue de notre responsabilité dans l'évangélisation

Méthodes: Discussions, questions, comparaisons

Introduction
La dernière volonté d'un mourant est la parole la plus sacrée de sa vie. Il la communique surtout à des gens dignes de confiance. L'évangélisation du monde entier était la dernière volonté du Seigneur confiée aux apôtres avant son ascension. Y étaient-ils fidèles ?

I. **L'évangélisation, un terme nouveau.**
   1. Inconnu dans l'Ancien Testament aussi bien que les expressions suivantes : Prédication, baptême, don du Saint Esprit, régénération.
   2. La loi mosaïque ne regardait qu'un peuple: Israël. Un sacrificateur, un prophète ou un juge, était gardien de cette loi. Ex.19:5
   3. L'évangile, au contraire, est un et s'étend à tout le monde. Mc. 16:15; Jn.3:16

II. **Son Etendue.** Ac. 1:8
   A. **Au point de vue territoriale**: L'évangile doit être prêché à partir de:
   1. *Jérusalem*: c'est la mission locale, ma maison, ma ville natale (*Evangélisation personnelle*) mon école, mon travail. Act.1:8
   2. *Puis en Judée*: c'est la ville voisine (*Mission à court terme qui exige peu de frais*)
   3. *Ensuite en Samarie*: C'est la mission dans des lieux éloignés qui réclament des frais plus élevés.
   4. *Enfin aux extrémités de la terre*: Mission en terre étrangère. Elle implique:
      a. *L'établissement de séminaires*, d'écoles bibliques pour la préparation des ouvriers et d'œuvres sociales en vue de satisfaire les besoins primaires des indigènes (*clinique, école, orphelinat, ferme agricole, artisanat, etc...*).
      b. *Une administration*: La bureaucratie qui va nécessairement occasionner des dépenses élevées. Mais il le faut. Le Seigneur en a besoin. Lu. 19:31b
   B. **Au point de vue de communication**
   La radio, la télévision, les satellites, l'Internet, le téléphone, les bateaux, les avions, tous ces moyens modernes de communication étaient prévus dans le plan de Dieu pour atteindre les extrémités de la terre. Mt. 28:20; Mc. 16:15

III. Sa destination
1. Aux riches comme aux pauvres. Phm. 16; Col. 3:11
2. Aux savants comme aux ignorants. Ro. 1:14
3. Aux blancs, aux noirs, aux rouges, comme aux jaunes. Jn. 3:16
4. Aux hommes comme aux femmes. Mc. 16:15
5. Aux grands et aux petits. Mc.10: 14

IV. Sa place dans l'ordre des dispensations
Dans la sixième. Elle implique l'établissement et l'affermissement de l'église avant le Royaume. C'est, à n'en pas douter, la dernière dispensation. Mt. 16:18; Act. 2:1 Elle doit couvrir le monde entier avant le retour de Jésus-Christ. Mt. 24:14

Conclusion
Si vous voulez hâter ce retour, allez et prêchez.

Questions

1. Comment définir ici l'évangélisation?
   Un commandement néo-testamentaire

2. Citez 3 termes évangéliques trouvés seulement dans le Nouveau Testament.
   Le Baptême, l'Evangile, la prédication.

3. A qui s'adresse la Loi de Moise?   Aux Juifs.

4. A qui s'adresse l'Evangile? Au monde entier

5. Quelle est l'étendue de l'évangélisation?
   De Jérusalem jusqu'au bout de cette planète.

6. Que veut dire ici Jérusalem?
   Notre lieu de résidence

7. Que suggère Mt. 28:20?
   Les moyens modernes de communication

Leçon 2
La Nécessité De L'Evangélisation

Textes pour la préparation: Lu.19:10, 40; Ac.1:8; 4:12; 13:1-2; Ro.1:16; 10:14-17; 1Co. 1:22- 24; 9:16
Versets à lire en classe: 1 Cor. 9:13-16
Verset à mémoriser: Si j'annonce l'Évangile, ce n'est pas pour moi un sujet de gloire, car la nécessité m'en est imposée, et malheur à moi si je n'annonce pas l'Évangile!1Cor. 9:16
But: Présenter l'Evangélisation comme une urgence.
Méthodes: Discussions, questions, comparaisons

Introduction
La prédication et l'enseignement de l'évangile ont tellement préoccupé le Seigneur Jésus qu'Il promet d'être avec les prédicateurs et les moniteurs tous les jours dans cette tâche. Mt. 28:20

I. **Sa nécessité**
   A. *Impérieuse: Il faut des envoyés.* Ro. 10:14-17
      1. Directement: Ex. Le Saint Esprit envoie Paul et Barnabas en mission. Ac. 13:2
      2. Indirectement: La société missionnaire ratifie ces choix. Ac. 13:1
      3. Avec confirmation: Les envoyés doivent avoir un mandat: La puissance du Saint Esprit *sur eux*.
         Ac. 1:8; 1Cor. 1: 22-24
      4. Pleinement consacrés: Les envoyés doivent être des engagés. 1Cor.9:27 «Je ne fais aucun cas de ma vie. Je n'ai point honte de l'évangile», dira Paul. Ac.20:24; 1Cor. 9:16; Ro. 1:16

5. Remplis de conviction: Dieu n'a pas besoin de spectateurs ou d'acteurs mais de témoins. Ac. 1:8; Lu. 19:40 Le mot témoin vient du verbe Grec: Martirein d'où vient le mot martyr en français. Il signifie: témoigner. Tant que les chrétiens ne sont pas persécutés, ils ne pourront jamais reconnaître la nécessité de s'oublier pour aller et prêcher. Voilà pourquoi l'évangile de nos jours a peu de succès. Phil. 1:12-14

B. *Objective: Il faut sauver les perdus à tout prix.*
Jésus a déjà payé le prix à la croix. Lu. 19:10 Il n'a prévu qu'une seule méthode de salut: Jésus crucifié. Ac. 4:12
Remarque: La venue de Jésus sur la terre pour sauver les perdus provoque une grande colère chez le Diable. Car, par l'évangélisation, des âmes seront sauvées et iront occuper sa place restée vacante dans le ciel.
Apoc. 12:12

C. *Absolue*
Le chrétien est sauvé pour servir. La prédication de l'évangile n'est pas l'affaire du pasteur seulement, mais de tous les rachetés. C'est par là que nous reconnaissons la différence entre les chrétiens militants et les protestants.

Conclusion

Puisque cet ordre est impérieux, puisque Satan agit vite et avec colère, agissons aussi avec empressement avant que Dieu sonne la trompette de ralliement.

Questions

1. Pourquoi l'évangélisation est-elle nécessaire?
   Parce que Dieu a besoin de témoins et des engagés

2. Qui envoie en mission?   Le Saint Esprit et l'église.

3. Pourquoi? Pour le salut des âmes.

4. Pourquoi Satan en est-il fâché?
   Parce que nous allons occuper sa place dans le ciel

5. A part le pasteur, qui doit prêcher l'Evangile ?
   Tous les rachetés.

Leçon 3
Les Disciples dans l'Evangélisation

Textes pour la préparation: Lu. 10:1-24; Ep. 2:1-2
Versets à lire en classe: Lu. 10:1-9
Verset à mémoriser: Cependant, ne vous réjouissez pas de ce que les esprits vous sont soumis; mais réjouissez-vous de ce que vos noms sont écrits dans les cieux. Lu. 10:20

But: Montrer les résultats positifs d'une campagne d'évangélisation
Méthodes: Discussions, questions, comparaisons

Introduction
Très souvent les chrétiens croient qu'il faut la présence du pasteur dans une mission pour en garantir le succès. Jésus y envoie 70 disciples sans un berger à leur tête. Quel était donc la nature de cette mission?

I. **Une mission à court terme**
   1. Dans les villes avoisinantes. Lu. 10:1
   2. Une mission de quelques heures. Pas de frais d'hôtel, de motel. v. 4
   3. Jésus excluait toute visite d'amitié pour éviter des distractions. v. 4
   4. Une mission limitée à l'évangélisation personnelle. Les disciples allaient deux à deux. Evidemment l'un prie et l'autre prêche. Ainsi toute discussion folle est évitée et l'inconverti ne verra pas la nécessité d'ouvrir un débat théologique. v.1

II. **Une mission spécifiée.** V. 5, 7, 9
  1. Les disciples iront deux à deux. La maison qui les reçoit pourra les servir à boire ou à manger.
  2. ls guériront les malades et comme message ils diront: «Le royaume des cieux s'est approché de vous». Lu.10:9
  3. Ils diront Shalom à la maison qui reçoit. Shalom, mot hébreu qui signifie : Paix. v. 5
  4. Ils maudiront les villes rebelles à leur message. v. 11

III. **Une mission téléguid**ée
Dans leur rapport, les disciples ont mis l'accent sur la soumission des démons. Lu. 10:17. Comment l'expliquer? Etaient-ils vraiment soumis aux disciples ? En voici le scénario:
Tandis que les disciples prêchaient, Jésus priait. Par ainsi, Il déjouait les plans de la puissance de l'air qui aurait pu les contrarier et les décourager.
Jésus déclare qu'Il a donné tout pouvoir aux disciples ; Mais pour le moment, il contrôle les dominations, les princes de la puissance de l'air, les autorités méchantes dans les lieux célestes. Le combat spirituel était si grand que Satan tombait du ciel comme un éclair sous les attaques du Seigneur. Lu. 10: 18; Ep. 2:1-2

Conclusion
Voyez comment les disciples ont débuté dans le champ missionnaire! Et vous, allez et faites de même!

Questions

1. Quel pasteur dirige cette mission? Aucun.
2. Quelle était sa nature? L'évangélisation personnelle.
3. Quelle était sa durée? Une journée.
4. Son objectif?
   Guérison des malades, la prédication de la Parole.
5. Quel en fut le résultat? Positif.
6. Quel en fut le secret? Jésus priait.
7. Que veut dire Shalom? Paix.

Leçon 4
Les Apôtres dans l'Evangélisation

Textes pour la préparation: Jos. 5:12; Mc. 16:15-18; Lu. 9:46-52; Ac. 1:8; 5:5-8, 26-27; 7:59-60; 14:19; 19:12
Versets à lire en classe: Ac. 1:1-11
Verset à mémoriser: Et chaque jour, dans le temple et dans les maisons, ils ne cessaient d'enseigner, et d'annoncer la bonne nouvelle de Jésus Christ. Ac. 5:42
But: Présenter les apôtres dans leurs nouvelles expériences missionnaires
Méthodes: Discussions, questions, comparaisons

Introduction
Après trois ans de séminaire aux pieds de leur doyen, le Seigneur Jésus, les apôtres sont académiquement préparés pour s'engager dans les champs missionnaires. Que leur faut-il de plus?

I. **Une évaluation de leur compétence**
   1. Soixante-dix disciples avaient déjà entrepris une mission locale sans la présence physique de Jésus.
      Lu. 10:1
   2. Après l'ascension du Seigneur, les douze et tous les autres devaient faire leurs propres expériences.
      a. Point de multiplication des pains à partir de cinq pains et deux poissons. Jn. 6:9
      b. Point de logement gratuit. Lu. 9:52
      c. Point de statère à tirer du ventre d'un poisson pour payer l'impôt locatif. Mt.17:27.
      En d'autres termes: Point de manne. Débrouillez-vous! Jos. 5:12

3. Ils doivent rejeter les complexes de supériorité. Lu. 9:46-48.

II. **Une prise de conscience de leur compétence**
   a. Jésus avait prédit qu'ils feront de plus grandes choses que Lui. Ils doivent en être conscients. Exemples de choses extraordinaires : Conversion de plusieurs milliers de personnes à la fois. Ac. 4:4
   b. Le pouvoir de guérir dans le mouchoir de Paul, de l'ombre de Pierre par la force rémanente du Saint Esprit en eux. Ac. 5:16; 19:12 Ils doivent se rappeler de l'étendue du travail à accomplir. Cf. Mc. 16:15-18
   (Ici, le moniteur discutera avec la classe sur les activités à entreprendre pour développer l'église).

III. **Un recyclage permanent de leur compétence**
   1. Après des années d'expériences dans l'évangélisation, ils sont devenus des maîtres non derrière un bureau mais dans les champs et au milieu des persécutions. Mt. 28:20
   2. Ils seront dispersés. Lu. 10:1; Ac.11: 19
      a. Un Pierre poltron va témoigner pour Christ avec audace, devant le tribunal juif (Sanhédrin). Il maintiendra la foi en Christ. *Résultat*: Une raclée de bâton. Ac. 5:40-42
      b. Philippe laissera une église *florissante* à Samarie pour aller et prêcher à *une seule âme* dans le désert de Gaza. *Résultat*: la conversion d'un grand fonctionnaire, le ministre de Candace, reine d'Ethiopie. L'Ethiopie sera bientôt évangélisée. Un

contre-ordre du Seigneur qui en vaut la peine n'est-ce-pas? Ac. 8:5-8, 26, 27
   c. Dans leur premier voyage missionnaire, Paul et Barnabas partiront d'Antioche jusqu'à Lystre. *Résultat*: la lapidation. Ac. 14:19
   d. Etienne prêchera aux juifs de Jérusalem un beau sermon expositoire. *Résultat*: la lapidation jusqu'à la mort. Ac. 7:59-60 Tous étaient guidés par le Saint Esprit malgré les résultats différents qu'ils ont obtenus. Ac.4:31
IV. **Leur port d'attache.**
   1. Ce n'était pas le bureau de la société missionnaire avec des employés occupés à recevoir les rapports et qui sont épargnés des rigueurs de la bastonnade, de la prison et de toutes les frustrations du ministère évangélique.
   2. Ce n'était pas une maison d'accueil
   3. Ce n'était pas une entreprise rentable, et rassurante.
   Leur port d'attache était le jeûne et la prière, la source intarissable de puissance. C'est encore la persévérance dans l'étude biblique, l'adoration, la communion et l'amour fraternel. Ac. 1:8; 2:1-4; 2:42

Conclusion

Le même Jésus, la même parole, la même mission sont à votre disposition. Encore une fois, allez et faites de même.

Questions

1. Que devaient faire les disciples pour évaluer leur compétence ? Aller en mission avec seulement l'assistance du Saint-Esprit.

2. Qu'est-ce que Jésus leur avait dit pour les encourager ?
Vous ferez de plus grandes choses que moi.

3. Comment sont-ils devenus des maîtres ?
Par la persécution dans l'œuvre.

4. Donnez des exemples. : Pierre, Paul furent battus et emprisonnés.

5. Quel était leur port d'attache ? La prière, le jeûne, l'étude de la Parole

Leçon 5
La Stratégie Dans L'Evangélisation

Textes pour la préparation: Mt. 28:19-20; Lu. 10:1-17; Ac. 14:21-25
Versets à lire en classe: Ac. 14:21-25
Verset à mémoriser: Ils firent nommer des anciens dans chaque Église, et, après avoir prié et jeûné, ils les recommandèrent au Seigneur, en qui ils avaient cru. Ac. 14:23
But: Montrer la validité des méthodes pour mieux gagner des âmes.
Méthodes: Discussions, questions, comparaisons

Introduction
La façon d'établir un plan de travail missionnaire varie avec les situations sur place et la qualification des missionnaires. Cependant certaines conditions demeurent inchangées.

I. **La préparation lointaine**
   1. Il faut une délégation missionnaire.
   2. Des études sur les missions modernes.
   3. L'enseignement sur l'évangélisation personnelle.
   4. Des services constants de jeunes et de prières

II. **Préparation immédiate**
   A. *Conférences sur l'évangélisation.* De préférence, des groupes d'étude (atelier) pour évaluer la capacité des évangélistes:
   1. Sur la manière d'aborder les différents types de pécheurs.
   2. Sur les méthodes d'évangélisation.

a. Le mode de travail sur le terrain d'évangélisation suivant les réalités du moment. Est-ce un moment de trouble politique, de cataclysmes naturels, un moment de famine ou d'abondance?
b. Une période de stage dans une mission locale: Evangélisation personnelle, visite missionnaire, distribution de brochures.

B. *Des équipes d'évangélisation.* Exemples:
1. Paul et Barnabas dans un premier voyage missionnaire. Ac. 13:2
2. Paul et Silas dans un deuxième voyage. Ac. 16:25
3. Paul seul, mais assisté avec le temps, d'Apollos dans le troisième voyage. Ac.18:24-28
4. Paul était seul dans le dernier voyage. Ac. 27:1
5. Philippe débuta seul à Samarie. Pierre et Jean vinrent l'aider, vu l'ampleur du travail. Ac. 8: 5, 14

III. **Consistance de cette préparation**
1. La fondation des églises avec de nouveaux disciples. Ac. 14: 21-22
2. Nomination des responsables pour continuer le travail de formation. Ac. 14:23
3. Des visites aux lieux déjà évangélisés pour fortifier la foi des croyants. Ac. 14:22; 15:36

IV. Autres possibilités
Vraiment secondaires mais utiles.
1. Annonces à la radio.
2. Des banderoles, des slogans évangéliques au coin des rues.
3. Des invitations aux services de prières, de guérisons, d'évangélisation.
4. Emission d'un chant thème pour une croisade évangélique.
5. Appel à l'aide d'autres églises pour l'évangélisation d'une zone.
6. Contribution pour la présentation d'un programme conjoint à la télévision.

Conclusion
A son départ, Jésus n'avait pas mentionné ces détails, mais tous sont inclus dans Mc. 16:15. Il Lui suffit de vous avoir comme administrateur. Faites donc valoir vos talents.

Questions
1. Quelle est la préparation lointaine dans l'évangélisation? L'enseignement.
2. Quelle en est la préparation immédiate?
   Jeûnes, prières, conférences, formation d'équipe.
3. Que faire pour maintenir cette préparation?
   Fonder des églises et élire des leaders.
4. Citez deux possibilités secondaires.
   La publicité, un chant thème.
5. Pourquoi l'étude en groupe?
   Pour entraîner des évangélistes.

Leçon 6
Les Méthodes d'Evangélisation

Textes pour la préparation: Pr.11:30; Mat.10:27; 11:28; Lu. 10:17-18; Ro. 13:1-7; 2 Ti. 4:1-4
Versets à lire en classe: 2 Ti. 4:1-4
Verset à mémoriser: Prêche la parole, insiste en toute occasion, favorable ou non, reprends, censure, exhorte, avec toute douceur et en instruisant. 2 Ti. 4:2
But: Envisager les moyens adéquats pour gagner les âmes.
Méthodes: Discussions, questions, comparaisons

Introduction
Quand on évangélise, on doit avoir en vue les différents types de pécheurs. Ainsi, il faut connaître les méthodes appropriées pour atteindre chacun d'eux. C'est l'œuvre d'un pêcheur qui amorce son hameçon non pas d'après son goût personnel mais d'après le goût des poissons.

Explications
I. **Dans un sens général.** 2 Ti. 4:2
   1. On doit prêcher en toutes occasions. Avec le temps, beaucoup de restrictions sont appliquées dans certains pays. Souvenez-vous que la Bible demande d'obéir aux autorités. Ro. 13:1
   2. On doit prêcher en tous lieux, même dans les endroits interdits. Comment? C'est le moment d'intervenir avec les méthodes appropriées.

II. **Dans un sens spécial.** Mt. 10:27
1. *Prédication sur les toits* (Plein air, radio, TV, Internet, revues) de manière à être vu, lu ou entendu.
2. *Prédication à l'intérieur de l'église.*
3. *Participation de bons prédicateurs*, de groupes chantants, de bons solistes dans une campagne d'évangélisation motivés par une large publicité.
4. *Préparation de conseillers* appelés à aider les pécheurs à se décider pour Christ. Ces conseillers doivent être instruits sur:
   a. Les versets clés de la Bible en rapport avec l'évangélisation.
   b. La façon d'amener les différents types de pécheurs à Christ.
   c. La préparation des cartes à remplir, cartes comportant le nom, l'adresse, l'ancienne religion, l'église ou la dénomination de choix; car deux choses sont à retenir:
      1. Très souvent, le pécheur choisit sa religion avant de choisir Christ.
      2. Vous gagnez le pécheur pour Christ et non pour votre église. Au grand jamais ne lui donnez pas l'impression que vous faites des partisans pour votre église, mais plutôt que vous vous intéressez à son salut en Jésus-Christ.
         a. Des copies du Nouveau Testament à donner aux nouveaux convertis et des brochures clairement imprimées à distribuer aux assistants.

b. Plusieurs équipes de prières à l'œuvre avant, pendant et après la conférence. Cette méthode était initiée par le Seigneur quand Il envoie les disciples en mission tandis que lui, Il reste en prière jusqu'à leur retour. Le résultat était tel que les démons étaient soumis aux disciples et que Satan tombait du ciel comme un éclair. Lu. 10:17

Conclusion
Les ressources sont là. Il nous faut la puissance. Jeûnez, priez et prêchez.

Questions

1. Quand et où prêcher?
   En tous temps et en tout lieu

2. Citez 3 méthodes d'évangélisation.
   Réunion en plein air, radio, télévision.

3. Quel est le rôle des conseillers ?
   Activer la conversion des pécheurs.

4. Citez une erreur à éviter.
   Gagner une âme pour soi ou son église et non pour Christ.

Leçon 7
Les Méthodes D'Approche Dans L'Evangélisation

Textes pour la préparation: Pr. 11:30; Es.55:11; Mt. 28:19-20; Mc. 16:15-16; Ac. 18:24-26; Ep. 5:19
Versets à lire en classe: Ep. 5:18-20
Verset à mémoriser: Le fruit du juste est un arbre de vie, Et le sage s'empare des âmes. Pr. 11:30
But: Utiliser tous les moyens favorables pour gagner les âmes.
Méthodes: Discussions, groupe d'étude

Introduction
Mt. 28:20 et Mc. 16:15 sous-entendent le développement des missions grâce aux moyens modernes de communication. Voyons-les.

I. **Dans un sens individuel**
  A. *La correspondance*
    1. Cours biblique par correspondance offerts gratuitement aux non-croyants.
    2. L'église peut avoir un comité de littérature pour préparer des brochures dans le langage parlé des différents types de pécheurs qu'on veut atteindre.
  B. *Des cercles d'études pour étudier la Bible sans discussion*
    1. Ces cercles pourront utiliser une concordance et un dictionnaire ainsi que des ouvrages religieux capables d'éclairer leurs recherches.
    2. Des groupes de recherches:
      a. Pour comparer la manière des évangélistes de présenter Jésus-Christ.

b. Pour interpréter les missions de Paul.
c. Pour évaluer les missions modernes d'un William Carey, d'un David Livingstone ou d'un Adoniram Judson.
d. Pour considérer les méthodes d'approche d'un Billy Graham, d'un Benny Hinn, d'un Rod Parsley...
Des invitations aux non-croyants à un snack-party dans le but de partager les Ecritures avec eux.

II. **Dans un sens universel**
   A) Les chants évangéliques:
   La composition de chants évangéliques non pour exalter un compositeur ou un chanteur mais pour porter le pécheur à verser des larmes de repentance.
   N.B. Les chants ou les *morceaux pop ou rock* sont des citernes crevassées qui ne peuvent retenir la bonne eau de l'évangile. Je. 2:13
   B) Les messages radiodiffusés ou télévisés.
   Les auditeurs et les téléspectateurs ont la liberté d'entendre à leur gré la Parole et peuvent eux-mêmes tirer leur conclusion ou prendre leur décision. Car la Parole ne retournera pas à Dieu sans avoir produit son effet. Es. 55:11.

L'évangélisation est un ministère spécial. Le pasteur en fait, mais à temps partiel, parce qu'il est plutôt consacré à la croissance chrétienne du troupeau. Une équipe d'évangélisation travaillant à plein temps est l'idéal pour alimenter les églises.

Conclusion

Choisissez Jésus-Christ, les méthodes feront leur chemin.

Questions

1. Citez deux grandes lignes de méthodes d'approche.
   La correspondance, les cercles d'études.

2. Citez deux cercles d'études.
   Le cercle d'étude proprement dit et les groupes de recherches.

3. A quoi devraient contribuer les chants ?
   A activer la conversion des âmes.

4. Quel est l'avantage des médias ?
   Laisser le pécheur libre de se décider.

5. Quel est le rôle du pasteur dans l'évangélisation ?
   Continuer l'évangélisation dans l'église et aider à la croissance chrétienne du troupeau.

Leçon 8
Le Message D'Evangélisation

Textes pour la préparation: Mt. 11:11, 28; 25:10; Lu. 19:8-10; Jn. 3:30; Ac. 2:14, 36-38; 3:6-7; 4:8-12, 22, 33; 13:2; 5:40; 7:57-60; 18:11; 20:17, 31; 1 Co. 1:18-25; Ro. 3:23; 5:9; 6; 23
Versets à lire en classe: 1 Co. 1:18-25
Verset à mémoriser: Les Juifs demandent des miracles et les Grecs cherchent la sagesse. Nous, nous prêchons Christ crucifié; scandale pour les Juifs et folie pour les païens.
1 Co. 1:22-23a
But: Faire un exposé très clair du message et du but envisagé.
Méthodes: Discussions, questions, comparaisons

Introduction
Il n'y a rien de plus simple et de plus profond que le message de l'évangile.

I. **Aspects**
   1. *Christocentrique*: Message basé sur:
      a. La mort et la résurrection de Jésus-Christ. Ac 2:36; 1 Co. 1:22-25
      b. La vertu de son sang. Ro. 5:9
      c. Le péché et ses conséquences. Ro. 3:23; 6:23
   2. *Direct*: L'auditoire doit comprendre que le message s'adresse à lui. Ac. 2:14, 37-38
   3. *Approprié*: Le message est illustré par un fait authentique ou actuel. Ac. 4:7-12

4. *Simple*: Mt. 11:28 invite le pécheur à recevoir Christ. Il n'est pas question de l'inviter à soi, à son groupe où à sa religion.
5. *Inspiré par le Saint Esprit*: La science, la littérature ne peuvent le remplacer. Ac. 4:8a

II. **Résultats**
1. *La conversion des âmes*. Ac. 2:41; 4:4
2. *Des miracles au Nom de Jésus*: Retenez que les miracles accompagnent le messager mais c'est le message qui sauve. Jésus fait l'éloge de Jean Baptiste comme prédicateur et pourtant celui-ci n'a fait aucun miracle. Néanmoins, Jésus le présentait comme le plus grand homme jamais vécu. Mt.11:11; Mc.16:17
   a. Pour son message de repentance qui n'a pas ménagé même les chefs politiques et religieux de son temps.
   b. Pour sa foi démontrée par un courage ardent à flétrir les vices d'un régime, d'un chef d'Etat, d'Hérode en particulier. Mt. 3:4-11; 11:11; 14:1-14; Ac. 3:6-7; 4:22
   c. Pour son humilité: Il donne l'exemple d'un prédicateur caché derrière la croix pour annoncer Jésus-Christ. Jn. 3:30
3. *La restitution*: Une fois converti, le pécheur confesse ses péchés et fait restitution pour réparer les dommages Mtériels ou moraux causés au prochain. Lu. 19:8
4. *Une grande grâce reposait sur les prédicateurs et la congrégation.* Ac. 4:33
5. *La fondation de l'église*. Ac. 14:21-23; 18:11
6. *La fondation de l'œuvre missionnaire*. D'où la nécessité pour l'église de la soutenir.

(Ici, le moniteur peut encourager les élèves à entreprendre de petits projets. Par exemple, à consacrer une heure de travail par mois pour le soutien mensuel d'un enfant, d'un étudiant, ou d'une église en pays pauvre)

7. *Les persécutions*: Ce message peut occasionner des souffrances et des martyrs:
   a. Les apôtres furent battus. Ac. 5:40
   b. Etienne, le premier martyr. Il mourut lapidé. Ac. 7:57-60
   c. Les églises et les maisons des chrétiens furent pillées (*déchouquées*) par Saul. Ac. 8:2
   d. Jacques, frère de Jean fut décapité. Ac. 12:2
   e. Pierre fut jeté en prison et libéré par le Saint Esprit. Ac. 12:3, 7-8

Ne croyez pas que le tableau est sombre à cause des persécutions, car le sang des martyrs est la semence de l'évangile, disait Tertullien, un des pères de l'église. Sans persécutions, l'église s'endort, les chrétiens deviennent négligents et s'arrangent pour ne pas être persécutés. Mt. 25:5

Conclusion

Réveillez-vous, allez et prêchez! C'est l'ordre du maître!

Questions

1. Citez 5 aspects du message évangélique.
Christocentrique, direct, simple, spirituel, approprié.

2. Citez 3 résultats positifs de l'évangélisation
La conversion des âmes, des miracles au nom de Jésus, la fondation de l'Eglise.

3. Les miracles peuvent-ils remplacer le message?
Non. Seul le message sauve.

4. Qui était le premier martyr dans l'histoire de l'église?
Etienne

5. Citez trois apôtres persécutés. Pierre, Jacques, Paul

Leçon 9
L'Evangélisation Dans La Famille

Textes pour la préparation: De. 6:7; Mt. 11:28; Mc. 10:40-52; Jn. 6:1-15, 47; 11:25; 14:27; Ep. 5:19-20
Versets à lire en classe: Ep. 5:19-20
Verset à mémoriser: Entretenez-vous par des psaumes, par des hymnes, et par des cantiques spirituels, chantant et célébrant de tout votre cœur les louanges du Seigneur.
Ep. 5:19
But: Préparer les membres de chaque famille à gagner des âmes pour Christ.
Méthodes: Discussions, questions, comparaisons

Introduction
Nous voici à Jérusalem, je veux dire dans la famille, le point de départ de l'évangélisation. Comment commencer? C'est le premier pas qui coûte. Et il compte!

I. **Le culte de famille**
   1. *Un culte orienté*: Les passages de la Bible doivent être appropriés. Faisons-en une sélection:
      a. Les miracles de Jésus. Mc. 10:46-52
      b. Le salut des pécheurs, quel que soit leur condition. Mt. 11:28; Jn. 11:25
      c. La foi. Jn. 6:47
      d. La paix. Jn. 14:27
      e. L'obligation de venir à Christ. Mt. 11:28
      f. La multiplication des pains. Jn. 6:1-15

2. *Un culte partagé*
   a. On lira tour à tour les versets d'un texte. Le texte doit être explicatif et chacun pourra au possible commenter un verset. Ep. 5:19
   b. On peut expliquer les chants avant de les apprendre pour éviter d'être trop théorique.
3. *Un culte systématique*: On peut adopter **La Lecture Quotidienne De La Bible** comme une méthode pour lire toute la Bible dans un an.

II. L'étude de la Bible
1. La famille peut s'entendre pour apprendre un psaume par mois ou un chant pour l'édification de l'assemblée. Satan aura peu de chance pour y semer la discorde et la division.
2. Le père ou la mère de famille peut poster des versets suggestifs sur les arbres de la cours, dans la toilette, dans la cuisine de manière à être vus, lus et retenus sans grand effort. De. 6:7
3. Rien n'empêche aux parents d'avoir des cassettes évangéliques de chants ou de messages à jouer chez eux ou dans la voiture qui remplaceront les vieux propos et l'ivraie de chants mondains semée par le malin. De. 6:7
4. Et qui va empêcher au père de famille d'établir un horaire pour le culte de famille, un jour au moins pour chacun, suivant le nombre de membres compétents dans la famille?
5. Le jeûne et la prière à la maison préparent la famille pour la conquête des âmes.

III. **Les atouts dans l'évangélisation par la famille**
1. La solidarité des parents: Le père et la mère doivent montrer un grand intérêt dans les choses de Dieu. Les enfants suivront normalement. Pr. 22:6
2. Les parents ou les enfants qui savent lire. On fait la lecture à tour de rôle avec un petit commentaire à l'appui.
3. Le temps disponible: Les membres de la famille doivent adopter un horaire de prière. Croyez-moi: lorsque les familles sont en paix, l'église de Jésus-Christ est aussi en paix.
4. Les parents doivent accepter la libre expression pour encourager tout le monde à parler et à prier. Si court que puisse être le temps, tous doivent prier!

Conclusion

Familles chrétiennes, petite société, le monde est entre vos mains.

Questions

1. Que représente ici la famille?
   Jérusalem, le point de départ dans l'évangélisation.
2. Comment le culte peut-il être?
   Orienté, partagé, systématique.
3. Qu'est-ce qui prépare le mieux la famille pour l'évangélisation?
   Le jeûne et la prière.
4. Citez trois atouts dans l'évangélisation.
   La connaissance de la parole, la solidarité des parents et le temps disponible.

Leçon 10
L'Evangélisation Des Idolâtres Et Des Vodouisants

Textes pour la préparation: Ps. 34:8; Es. 2:18; Mt. 6:9; Mc. 16:17; Lu. 9:59-60; Jn. 4:24; 8:29-36; 1 Jn. 5:19; Ro. 8:1; 2 Co. 5:17; Col. 2:14-16
Versets à lire en classe: Jn. 8:29-36
Verset à mémoriser: Si donc le Fils vous affranchit, vous serez réellement libres. Jn. 8:36
But: Montrer comme aborder les non-croyants, les idolâtres
Méthodes: Discussion en panel, questions

Introduction
Identifier un pécheur idolâtre est chose facile: "*Son langage le fait reconnaître*". Mt.26:73. Et c'est là le point de départ du dialogue ou du message pour le conduire à Christ.

I. **Généralement, le vodouisant ne parle pas de Dieu mais du grand maître.**
   1. Dites-lui que ce Grand Maître c'est Dieu notre Père céleste en Jésus Christ, le Sauveur du monde. Il faut que tous l'adorent en esprit et en vérité. Ainsi toutes les idoles doivent disparaître devant sa face.
   Es. 2:18; Mt. 6:9; Jn. 4:24
   2. Satan est puissant et limité, mais Jésus est Tout-Puissant et sans limite. Mt. 28:19; Jn. 3:3
   Les loas, les anges rebelles exercent leur pouvoir :

a. *Sur ceux qui croient en eux*, en la religion ou dans leurs bonnes œuvres. Ep. 2:9. Nous ne sommes pas redevables envers les morts ni au *loas*. Le chrétien vit dans la lumière du Saint Esprit pour servir Jésus. Lu. 9:59-60
b. *Sur ceux qui n'ont pas encore reçu Christ dans leur cœur.* 1 Jn. 5:19
c. Le chrétien n'a pas peur des démons. Il les chasse au nom du sang versé de Jésus-Christ. Mc.16:17
d. Le pécheur converti est délivré de la puissance des mauvais esprits. Ro. 8:1; 1Jn. 5:19

II. **L'idolâtre. Il y en a plusieurs**
1. ***Le mariolâtre***: Il croit en la Sainte Trinité, mais il adopte Marie comme médiatrice entre Dieu et les hommes. Il croit en un saint patron. Jn. 14:6.
Dites-lui que Jésus est le seul médiateur entre Dieu et les hommes. Ps. 34:8; 1 Tim. 2:5
Dieu a mis des anges à notre service et non des statues de prétendus saints. He. 1:14
2. ***L'idolâtre***: Il porte sur lui des talismans (chapelet, médaille de saint protecteur, scapulaire); il boit une tisane du psaume 91 pour chasser les démons. Il fait le signe de la croix au grondement du tonnerre et frappe la porte principale de l'église à midi pour « réveiller le saint patron » et solliciter ses services...)

3. **Le vodouisant**: Il affecte ses enfants de *grains de madioc*, et mortifie leur corps (*koupe gad"*). Sa femme porte des jupons en tissu de siam de 3 ou de 7 couleurs avec un empièceent ou «sak *kolet*" attaché à la bordure. Le vodouisant dépose du café et du pain sur la tombe des parents défunts le 2 Novembre. Le 6 Janvier, appelé encore jour des rois dans l'Eglise Catholique, il offre une libation ou "*babaco*" à Papa Legba, le dieu africain de la prospérité. Il jette de l'eau en direction des quatre points cardinaux pour chasser les mauvais esprits avant son voyage. Il dirige une prière ou neuvaine pour renvoyer l'âme d'un défunt et ainsi éviter son retour qui pourrait nuire à la maison… Dites-Lui:
a. Jésus est venu pour le libérer de ces entraves.
Jn. 8:36; Ro. 8:1
b. Les choses anciennes sont passées. 2Co. 5:17
c. Il a avili sur la croix ces ordonnances qui nous condamnaient. Col. 2:14-15
d. Le salut est actuel, personnel et gratuit. Pas d'œuvres à faire pour le salut. Pr.27:1; Lu. 23:43; Ep. 2:9; He. 4:6-7
e. Les livres de magie (*Ange Conducteur, La Poule Noire, Dragon Rouge, Petit Et Grand Albert, Emmanuel Sorcier*) sont là pour nous porter à faire du mal. La Bible est le livre de vie de Dieu. Jésus pardonne. Venez à Lui. Mt. 11:28; 1Jn. 17

Conclusion

N'allez pas dans le but de forcer la décision du pécheur. Prêchez La Parole et laissez au Saint Esprit d'en faire le reste.

Questions

1. Comment les vodouisants appellent-ils Dieu?
   Grand Maître

2. Comparez Jésus à Satan : Satan est puissant et limité.
   Jésus est Tout Puissant et Illimité.

3. Sur qui le diable exerce-t-il son pouvoir ?
   Sur les incroyants

4. Que dire au mariolâtre ?
   Jésus est le Seul Médiateur entre Dieu et les hommes

5. Que dire à l'idolâtre ?
   Dieu est Esprit. Il faut l' adorer en Esprit et en vérité

6. Que dire au vodouisant ?
   Jésus est venu pour lui apporter la liberté.

Leçon 11
L'Evangélisation des Judaïsants

Textes pour la préparation: Jg. 2:11-13; 3:5-7; 1 S. 8:5-7; 1R. 12:28-30; 2R. 17:7, 22-23; Es. 42:4; Jn. 1:17; 3:16; 3:36; 14:6; Ac. 2:38, 41; 15:10-11; Ga. 3:24-25; He 4:7, 9
Versets à lire en classe: Jn. 1:14-17
Verset à mémoriser: Car la loi a été donnée par Moïse, la grâce et la vérité sont venues par Jésus Christ. Jn. 1:17
But: Amener les observateurs de la loi à accepter Jésus comme le Messie
Méthodes: Discussion en panel, questions

Introduction
Qui va déloger ces gens de leur légalisme? Le Saint Esprit est ici le seul souverain. «**Tu n'auras pas d'autres dieux devant ma face**» Avec ce seul verset du Décalogue, ils ont éliminé Jésus de leur agenda. Néanmoins il y a une méthode pour les approcher; et elle peut varier suivant les circonstances.

I. **Présentez-leur le but de la loi.**
   1. Révéler à Israël la sainteté de Dieu comme standard de perfection. Ps. 19:8
   2. Présenter à Israël la manière dont Dieu entend se révéler (dispensation de la loi)
   3. Eduquer Israël pour qu'il devienne le modèle, la lumière des nations. Es. 49:6

II. **Rappelez-leur les causes de la captivité Assyrienne d'Israël et Babylonienne de Juda.** 2R.17:6, 7, 22, 23

1. Israël a failli en voulant plutôt ressembler aux nations païennes. 1 Sam. 8: 5-7
2. Il adore les faux dieux au mépris de l'Eternel, le Dieu vivant et vrai. Jg. 2:11-13; 3:5-7; 1R. 12:28-30

III. **Parlez-leur des prophéties concernant la mission de Jésus-Christ**
   1. Il viendra avec sa propre dispensation pour sauver le monde entier. Es. 42:4
   2. Moise a donné la loi, Jésus est venu avec la grâce. Jn.1:17. Deux dispensations différentes: Avec Christ, les choses anciennes sont passées. 2Co. 5:17
   3. Jésus s'est fait homme pour réussir là où le premier Adam avait échoué.
   4. Moise a failli dans sa mission d'introduire le peuple en Canaan. Jésus nous amène à coup sûr, dans le Canaan céleste. Jn.1:14; He.4
   5. Il n'était pas venu pour bâtir un temple physique à la face duquel on devait tourner les regards quand on pèche, mais pour bâtir avec son sang l'église invisible, universelle. Jésus c'est l'Agneau de Dieu qui ôte le péché du monde. Mt.16:18; Ep.5:23

IV. **Présenter-leur la réplique de Pierre à la conférence de Jérusalem. Ac. 15**
   1. Le peuple d'Israël n'avait jamais pu observer la loi: voilà pourquoi Jésus vient avec la grâce et la vérité.
   Ac. 15:10-11
   2. Nul ne vient au Père par la loi, mais par Jésus. Jn. 14:6

3. La loi a été un pédagogue pour nous conduire à Christ. Ga. 3:24-25

V. **Montrez leur les avantages de la grâce**
1. Le Fils nous rend libre à l'égard de la loi et des puissances du malin. Jn. 8:36; 1Jn. 5:19
2. Nous avons la paix avec Dieu et la justification par la foi. Ro. 5:1
3. Nos péchés sont pardonnés. La loi n'a pu le faire.
Lu. 5:21; Ac. 2:38
4. Nous avons la vie éternelle en Jésus Christ. La loi n'a pu le faire. Jn. 3:16, 36
5. Nous avons reçu le don du Saint Esprit. La Loi n'a pas eu cette provision. Ac.2 :38

VI. **Mettez emphase sur le discours inaugurale de Pierre à au jour de la Pentecôte.**
3000 Juifs abandonnèrent le judaïsme appelé encore la loi de Moise et crurent en Jésus-Christ. Ac. 2:41
Finalement une grande foule de sacrificateurs se convertirent au Seigneur. Ac.6 :7
L'Eglise est donc fondée sur la mort et la résurrection de Jésus-Christ. Ac. 3:15-16

VII. **Le jour du salut n'est pas le Sabbat, ni le Dimanche non plus. C'est aujourd'hui.** He. 4:7
1. Le jour où vous acceptez Jésus comme votre Sauveur est le jour de votre salut.
2. Le vrai Sabbat du chrétien est Jésus. Il dit venez à Moi, je vous donnerai *non pas* **un jour** *de repos,* mais **le repos**. He. 4:9

Conclusion

Seul le Saint Esprit est habile à convaincre un pécheur. Eviter des discussions qui n'amèneront qu'à l'inimitié et des querelles stériles. Prêchez, prêchez, prêchez encore.

Questions

1. Quel est le but de la loi pour Israël?
   Révéler à Israël la sainteté de Dieu.

2. Quel est le but de la loi pour le Chrétien?
   Un pédagogue pour le conduire à Christ.

3. Quelle était la vraie cause de la captivité d'Israël?
   L'idolâtrie

4. Combien de Juifs furent convertis à la Pentecôte?
   Environ trois mille

5. Quel est le jour du salut, Samedi ou Dimanche?
   Le jour de notre conversion

6. Où trouvons-nous le repos? Dans le Samedi ou le Dimanche? En Jésus Christ seul.

Leçon 12
Les effets négatifs à éviter dans l'Evangélisation

Textes pour la préparation: Mt. 11:28; 22:9-10; Lu. 15:18-21; 23:43; Ac.13:2; Ro. 3:10-11;1 Ti. 1:15; 2 Ti. 3:14-17; Ph. 4:22

Versets à lire en classe: 2 Ti. 3:14-16

Verset à mémoriser: Toute Écriture est inspirée de Dieu, et utile pour enseigner, pour convaincre, pour corriger, pour instruire dans la justice. 2 Ti. 3:16

But: Eviter d'intimider le pécheur pour ne pas retarder sa conversion

Méthodes: Compétitions, questions

Introduction
Très souvent nous perdons une âme à cause d'une intervention maladroite d'autrui ou à cause des préjugés à l'endroit du pécheur. Voici les erreurs à éviter:

I. **Inutile de lui prêcher la parole:**
   Il est un moqueur, "un endurci", un tonton macoute, un zenglendo, un lavalassien, un criminel, un athée...Il ne sera jamais converti.
   Réponse: Paul se dit: Le premier des pécheurs. Ainsi tout autre que lui doit venir en deuxième. Si Dieu a sauvé le premier, il peut aussi sauver le deuxième. 1Ti. 1:15

II. **Les riches ne pourront entrer au ciel**
   Réponse: Où est Abraham, David, Salomon, des gens riches? Soulignez le pronom indéfini **Quiconque** (*n'importe qui*) dans Jn. 3:16, riche ou pauvre.

III. **Inutile de prêcher aux militaires. Ils n'iront pas au ciel**
Réponse: Des militaires chrétiens étaient des gardes de corps de l'empereur César. Ne jugez pas, dit Jésus. En portant le fusil, le militaire ne fait que son devoir de citoyen comme vous dans votre travail. Ph. 4:22

IV. **Cet homme est si bien éduqué qu'il n'est pas nécessaire de lui prêcher l'évangile**
Réponse: C'est le sacrifice de Christ qui sauve et non notre bonne éducation. Es. 64:5; Ro. 3:10-11

V. **Voici un tel, va lui prêcher l'évangile, il a besoin de Jésus.**
Réponse: Qui vous l'a dit? C'est L'Esprit qui envoie. A l'homme de faire son choix. Ac. 13:2

VI. **Dès la conversion vous aurez fini avec la misère.**
Réponse: En un sens oui, parce que vos péchés vous sont pardonnés. Vous n'êtes plus esclave du malin. Cependant, vous aurez des épreuves sans précédent et aussi des victoires sans précédent. Jn. 15:18-21; 2 Ti. 3:12

VII. **Aide-toi et le ciel t'aidera**
Réponse: Mon salut dépend d'un acte accompli par Christ sur la croix et non de mes œuvres. Je n'ai qu'à venir à Lui par la foi pour être sauvé. Jn. 19:30; Ep.2:8

VIII. **Venez à Jésus aujourd'hui et** *un jour* **vous serez sauvé.** Lu. 23:43
Réponse: Le larron sur la croix est sauvé **le même jour**. Jésus lui avait bien dit: **Aujourd'hui**, tu seras avec Moi. C'est un futur éventuel. S'il n'est pas au paradis, le même jour, Jésus ne l'est pas non plus.

IX. **Je vous prêche aujourd'hui dans l'espoir qu'un jour vous serez converti.**
Réponse: Choisir Jésus n'est pas une décision facultative mais urgente, impérative.   He. 2:3

X. **Abandonnez les loas, la vierge, puis venez à Jésus.**
Réponse: Ce n'est pas ici un message mais une provocation. La réaction peut être brutale. Dieu ne nous demande pas de nous améliorer pour être sauvé. Au contraire, Christ dit: « Venez à moi **tout** chargé, **tout** fatigué que vous êtes. Le reste est entre ses mains. »
Mt. 11:28

Questions

1. Citez deux personnes que Dieu a bénies par la richesse matérielle. Abraham, David

2. Vrai ou faux
    a. Le militaire n'ira pas au ciel   __ V __ F
    b. Le salut est actuel, personnel.   __V __F
    c. A la conversion vous avez fini   avec la misère.   __V __F
    d. Un homme bien éduqué est déjà sauvé. __V __F

Récapitulation des versets.

| Séries I | Sujets | Versets |

1. **L'Evangélisation, Un Commandement Néotestamentaire** Mc. 16: 15
Puis il leur dit: "Allez par tout le monde, et prêcher la bonne nouvelle à toute la création".

2. **La Nécessité De L'Evangélisation** 1Cor. 9:16
Si j'annonce l'Évangile, ce n'est pas pour moi un sujet de gloire, "car la nécessité m'en est imposée, et malheur à moi si je n'annonce pas l'Évangile!

3. **Les Disciples Dans l'Evangélisation** Lu. 10:20
Cependant, ne vous réjouissez pas de ce que les esprits vous sont soumis; mais réjouissez-vous de ce que vos noms sont écrits dans les cieux.

4. **Les Apôtres Dans l'Evangélisation** Act. 5:42
Et chaque jour, dans le temple et dans les maisons, ils ne cessaient d'enseigner, et d'annoncer la bonne nouvelle de Jésus-Christ.

5. **La Stratégie Dans L'Evangélisation** Act. 14: 23
Ils firent nommer des anciens dans chaque Église, et, après avoir prié et jeûné, ils les recommandèrent au Seigneur, en qui ils avaient cru.

6. **Les Méthodes D'Evangélisation** 2Tim.4: 2
Prêche la parole, insiste en toute occasion, favorable ou non, reprends, censure, exhorte, avec toute douceur et en instruisant.

7. **Les Méthodes D'Approche Dans L'Evangélisation** Prov.11:30
Le fruit du juste est un arbre de vie, et le sage s'empare des âmes.

8. **Le Message D'Evangélisation** 1Cor. 1:22-23a
   Les Juifs demandent des miracles et les Grecs cherchent la sagesse. Nous, nous prêchons Christ crucifié; scandale pour les Juifs et folie pour les païens.

9. **L'Evangélisation Dans La Famille** Ep.5:19
   Entretenez-vous par des psaumes, par des hymnes, et par des cantiques spirituels, chantant et célébrant de tout votre cœur les louanges du Seigneur.

10. **L'Evangélisation Des Idolâtres Et Des Vodouisants,** Jn.8:36
    Si donc le Fils vous affranchit, vous serez réellement libres.

11. **L'Evangélisation Des Judaïsants** Jn.1: 17
    Car la loi a été donnée par Moïse, la grâce et la vérité sont venues par Jésus-Christ.

12. **Les Effets Négatifs A Eviter Dans L'Evangélisation**
    2 Ti. 3:16
    Toute écriture est inspirée de Dieu, et utile pour enseigner, pour convaincre, pour corriger, pour instruire dans la justice.

SERIE II

DES HOMMES MECHANTS DANS LA BIBLE

Des Hommes Méchants Dans La Bible

Avant-propos

Ils ne sont pas les seuls à être méchants. D'ailleurs, leur condition n'est-elle pas la conséquence du péché? Puisque tous ont péché, tous sont donc condamnés à la peine capitale: LE SALAIRE DU PECHE C'EST LA MORT.
Ro. 3: 23
Le thème de ce livre vise plutôt à considérer le degré de cruauté atteint par certaines personnes. Il nous permettra aussi d'avoir une photocopie de notre caractère quand le malin parvient à nous induire dans le mal.

L'ouvrage "**Des Hommes Méchants dans la Bible**" nous aidera à réfléchir sur notre comportement en tant que membre d'une famille ou d'une communauté ; à corriger, du moins par l'absurde, les travers de tempérament qui fort souvent entravent les relations entre nous et les autres.
Que ce livre fasse son chemin dans la vie de chacun de nous !

L'auteur

Leçon 1
Caïn, Le Premier Criminel

Textes pour la préparation: Ge. chap.4; Pr.28:1
Versets à lire en classe: Ge. 4:6-10
Verset à mémoriser: L'Éternel dit à Caïn: Où est ton frère Abel? Il répondit: Je ne sais pas; suis-je le gardien de mon frère? Ge. 4:9
But: Montrer les conséquences fâcheuses de la jalousie entre frères.
Méthodes: Histoire, comparaisons, questions

Introduction
Il est un fait indéniable que la différence de situation ou de position pousse la jalousie parfois jusqu'au crime: Caïn tua Abel.

I. **Le meurtre d'Abel.** Ge. 4:8
   1. Caïn et Abel étaient les fils d'Adam et d'Eve.
   2. Ils vivaient ensemble et étaient exposés à la même éducation.
   3. Caïn était jardinier et Abel berger. Ge. 4:2
   4. Tous deux avaient appris comment satisfaire les redevances envers Dieu. Abel présenta son offrande que Dieu a acceptée. Caïn fit de même, mais Dieu l'a désapprouvée. Dans sa jalousie, il tua son frère. Ge.4:8
   5. Dieu le blâma et prononça sur lui son jugement. Ge.4:12

II. **Les détails du meurtre**
1. Caïn avait prémédité son crime. Ge.4: 6-7 La description du criminel nous est relatée dans Genèse 4 et verset 7: Visage abattu, déprimé à cause du succès de son frère. Pensif, obsédé, bloqué par une idée fixe. C'est l'attitude de quelqu'un disposé à n'entendre que lui-même, par conséquent, il est fermé à toutes suggestions.
2. Peut-être que les parents l'avaient blâmé pour son erreur tandis qu'ils faisaient en même temps des commentaires généreux sur le comportement d'Abel. Caïn devient alors plus furieux. Décidément, Abel est devenu pour lui un ennemi. Il faut l'éliminer. Quand? Comment? Où? Et que faire avec le corps tandis qu'il n'y avait pas de service de Pompes funèbres à cette époque?
    a. Quand? Il faudrait l'absence des parents ou de témoins oculaires.
    b. Comment? Il va inventer la première hache de guerre pour tuer Abel.
    c. Où? Dans un endroit où son frère ne pourra pas se défendre. Caïn donc provoqua son frère et le tua dans le jardin. Ge.4 : 8

III. **Le verdict**
1. Dans l'inventaire de la journée, Dieu voit qu'il Lui manque un corps. Il interrogea Caïn qui déclinait toute responsabilité envers ce corps. Ge.4 : 9.

2. Les principes de l'interrogatoire exigent qu'on pose des questions au dernier compagnon de la victime qu'il soit un parent ou non. Ge. 4:9. La réponse de Caïn: "*Suis-je le gardien de mon frère*", le mit au ban de l'accusation.
3. Dieu prononce son verdict:
   a. Tu auras des ennuis dans tes affaires. Ge.4 :11-12
   b. L'image de ton frère va poursuivre ta conscience. Ge.4 : 12
   c. J'ordonnerai à la mort de te fuir pour te donner le temps de purger ton crime. Ge.4 : 15
   d. Caïn devient paranoïaque. Il a la manie des persécutions. Il croit à la mort par la main de n'importe qui. Ge. 4 : 14; Pr.28:1

Conclusion
La méchanceté est un virus destructeur pour le cœur. Nul ne peut en mesurer les dégâts. Dieu seul peut nous en délivrer. Le péché se couche à vos portes. Quant à vous, dominez sur lui! Caïn a perdu sa chance, mais quant à vous, tachez de ne pas rater la vôtre.

Questions

1. Qui était Caïn? Fils d'Adam et d'Eve et frère d'Abel

2. Pourquoi a t-il tué Abel?   Par jalousie\

3. Pouvait-il faire autrement?
   Oui, Dieu l'en avait mis en garde.

4. Quelle était son attitude? Irrité, obsédé

5. Où a-t-il tué son frère?
   Devant Dieu et en l'absence des parents

6. Quelle était son excuse?   Suis-je son gardien?

7. Quel était le verdit de Dieu?
   Malédiction sur Caïn et sur ses affaires.

8. Comment était devenu Caïn? Paranoïaque

Leçon 2
Les Frères De Joseph, Une Gangue De Méchants

Textes pour la préparation: Ge. 37; 41:14-47; 42:21-22

Versets à lire en classe: Ge. 37:1-4

Verset à mémoriser: Ses frères virent que leur père l'aimait plus qu'eux tous, et ils le prirent en haine. Ils ne pouvaient lui parler avec amitié. Ge. 37:4

But: Encourager chez les parents un amour impartial pour les enfants en vue d'atténuer le sentiment de jalousie.

Méthodes: Histoire, comparaisons, questions, vidéo

Introduction
Si vous aimez vraiment, soyez jaloux, mais n'allez pas jusqu'au crime. Que firent les frères de Joseph?

I. **Ils haïssaient Joseph, leur frère.**
   1. A cause d'un beau costume que son père lui procurait. Ge. 37: 3, 23
   2. Parce que Jacob avait eu cet enfant dans sa vieillesse et de sa femme préférée. Ge. 29:18, 25; 37:3
   3. Parce que Jacob le tolérait. Il était aussi un fidèle rapporteur des propos des autres. Ainsi ses frères le haïssaient davantage. Ge.37:2
   4. Parce qu'ils avaient le pressentiment que Joseph serait leur chef. Ge.37 :10-11

II. **Ils s'en débarrassèrent.**
   1. Jacob n'avait pu mesurer la haine de ses fils contre Joseph. C'est sans arrière-pensée qu'il l'envoya s'enquérir de leurs nouvelles : Joseph va marcher au-devant de la mort.

2. Après un moment de concertation, ils décidèrent de le tuer. Cependant, ils finirent par accepter un compromis de Ruben: Le jeter dans un puits. Ruben avait l'intention de le sauver. Ge.37. 22
3. D'abord ils souillèrent sa robe du sang d'un animal. Ainsi, Jacob, croyant son fils mort, mènerait une vie de déception et de chagrin jusqu'à en mourir. v. 32-34
4. Ensuite, ils le jetèrent dans un puits et commencèrent par dévorer joyeusement le dîner que leur avait apporté Joseph. Quel cynisme chez ces âmes damnées! Ruben était absent. Ge.37: 29
5. Enfin, sur le conseil de Juda, Joseph fut vendu à des marchands Arabes pour 20 sicles d'argent, soit
$12.80 (Us). Ces Arabes l'ont revendu à un prix fort à Potiphar, le chef des gardes de Pharaon. Ge.37 :36. Jacob ne le saura jamais! **Quelle barbarie**!

Conclusion

Parents, vous qui avez des enfants de plusieurs lits, veillez à ne pas discriminer entre eux. Il vous sera difficile de contrôler leur émotion et d'en limiter les dégâts.

Questions

1. Combien de fils avait Jacob? Douze

2. Quelle était son erreur de père?
   Il tolérait Joseph et le privilégiait

3. Pourquoi?
   Il l'a eu dans sa vieillesse de sa femme préférée.

4. Quelle était l'attitude de ses frères? Ils le haïssaient.

5. Que firent-ils à Joseph? Ils s'en débarrassèrent.

6. Donner quatre preuves de leur méchanceté.
   a. L'emprisonnement dans le puits,
   b. La conscience tranquille après l'y avoir jeté,
   c. La vente de leur frère comme esclave à des étrangers
   d. Des artifices pour faire souffrir leur père.

7. Pour combien le vendaient-ils? Pour 20 sicles d'argent, soit $ 12.80 en monnaie actuelle

8. A qui? A Potiphar, le chef des gardes de Pharaon

Leçon 3
Les Frères de Joseph, Leur Sort (suite)

Textes pour la préparation: Ge. Chap. 42 a 50; Ex. 12:40; 13:19; Jos. 14:7; 24:29
Versets à lire en classe: Ge. 42:21-23; 50:15-21
Verset à mémoriser: Vous aviez médité de me faire du mal: Dieu l'a changé en bien, pour accomplir ce qui arrive aujourd'hui, pour sauver la vie à un peuple nombreux. Ge. 50:20
But: Montrer le remords de conscience bien mérité chez les frères de Joseph
Méthodes: Histoire, gravures, vidéo, questions

Introduction
Nous nous sommes débarrassés du bambin. Esclave chez un chef nègre! Il le mérite bien! Tant pis pour lui, tant pis pour notre père Jacob!... Mais le sort va décider autrement. Qu'est-il advenu à Joseph?

I. **Son étoile brille**
   1. Esclave privilégié chez Potiphar, il était son comptable en chef. Ge. 39:6
   2. Promu gouverneur de l'Egypte à 30 ans à la faveur d'un songe du roi. Ge. 41:38-46
   3. Reçu citoyen égyptien sous le Nom de Tsaphnath-Paeneach et marié à Asnath une Egyptienne, tout cela par la volonté du pharaon. Ge. 41:45
   4. Joseph a fait de l'Egypte une grande puissance économique en 14 ans. Ge. 42:57

II. La Domination sur ses ennemis

1. Quand ses frères vinrent en Egypte pour acheter des vivres, ils devaient se prosterner devant lui. Cf. Ge. 37:7
2. A l'interrogatoire, ils devaient confesser qu'ils avaient éliminé leur frère. Ge. 42:21-23
3. Ils s'offrirent comme esclaves pour payer leur forfait. Joseph, le gouverneur de l'Egypte refusa. Ge. 44:16-17
4. Quand Joseph se fit connaître à eux, ils étaient troublés. Ge.45:1-4
5. Au lieu de se venger, il accepta que ce fût la volonté de Dieu pour lui de passer par là. Ge. 45:5, 8
6. Il leur donna à eux tous ainsi qu'à son père le visa de résidence en Egypte et mit à leur disposition Gosen, une zone propre à l'élevage. Ge. 46:27
7. A la mort de Jacob, les frères craignirent la vengeance de Joseph, mais il les rassura encore de son pardon. Ge. 50:20

III. La restitution chez ses frères

1. Dans son testament, Joseph les fit jurer d'enterrer sa momie à Canaan au jour où Dieu le leur permettra. Ge. 50:25-26
2. Voyons le pèlerinage de ces gens avec un cadavre pendant **500** ans.
3. Ils devaient garder le cadavre pendant leurs **430** ans de servitude en Egypte. Ex. 12:40; 13:19
4. Ils continuèrent à le porter pendant **40** ans dans le désert sous Moise. No.32:13

5. Après **30** ans de pèlerinage sous Josué, ils purent enfin l'enterrer à Sichem.
Jos. 24:2. Cf. Jos. 14:7 et 24:29

Conclusion
Ainsi Dieu leur donna 500 ans de réflexion de père en fils, pour punir leur crime. Quel salaire pour un péché!

Questions

1. Qu'était devenu Joseph?
   Comptable des biens de Potiphar

2. Quelle était sa promotion?
   Gouverneur de l'Egypte

3. Que fit-il pour ses frères?
   a. Il leur donna un visa de résidence en Egypte.
   b. Il pardonna leur crime.
   c. Il leur fit du bien.

4. Comment se vengea t-il?
   En leur faisant jurer d'enterrer son cadavre à Canaan au moment opportun.

5. Combien de temps devaient-ils le porter?
   Cinq cents ans

Leçon 4
Les Pharaons, Suppôts de Satan

Textes pour la préparation: Ex. 3:9-12; chap. 5-12
Versets à lire en classe: Ex. 7:1-6
Verset à mémoriser: L'Éternel dit à Moïse: Pharaon a le cœur endurci; il refuse de laisser aller le peuple. Ex.7:14
But: Montrer la dureté d'un cœur sans Dieu.
Méthodes: Histoire, comparaisons, questions, vidéo

Introduction
Toute position éloignée de Dieu est le domaine de Satan où règne la méchanceté. Pharaon ne connaît pas Dieu: Par conséquent, il doit être méchant.

I. **Pharaon**
   1. Petits-fils du dieu soleil, dieu lui- même. Quoique mortel, son peuple l'adore. A sa mort, sa momie est conservée dans une pyramide avec ses mets préférés, ses archives et ses trésors. Ses eunuques et toutes ses femmes y sont enfermés vivants.
   2. Il n'agit pas d'après une constitution, mais par décret. Ex. 1:8-10; 5:2
   3. Son règne se profile par dynastie, c'est à dire de père en fils (dynastie des Ramsès, d'Aménophis, de Méneptah, de Seti, etc.)

II. **Son autorité**
   1. *Souveraine*: Il méconnaît l'autorité de l'Eternel. Ex. 5:2

2. *Tyrannique*: Il augmente la peine des esclaves hébreux par un excès de travail sous prétexte que adorer Dieu c'est l'affaire des paresseux. Ex. 5:17
3. *Cynique*: Il fait toujours semblant de céder à la pression, demande la prière des gens qu'il maudit. Ex. 8:4; 10:10
4. *Insensible*: Il n'a cédé qu'à la mort de son prince-héritier. Ex. 12:29-32
5. *Aveuglé*: Avec une armée de 600 chars, il poursuivit les Hébreux dans la Mer Rouge pour les ramener dans l'esclavage. Ex. 14:7 Le temps pour lui de mettre la main sur les Hébreux, il était trop tard. Le tsunami l'a englouti ainsi que son armée pour jamais. Ex. 14:24-25

Conclusion

Quand Dieu vient pour délivrer son enfant, aucune force ne peut l'arrêter.

Questions

1. Que veut dire Pharaon? Roi Egyptien, fils du dieu soleil

2. Qu'est-ce qu'une pyramide? Le tombeau des pharaons

3. Comment appelle t- on son cadavre embaumé? Momie

4. Comment prend-il ses décisions? Par décret

5. Comment règne-t-il? Par dynastie

6. Comment eurent lieu ses funérailles?
   Ses femmes, ses serviteurs doivent être enterrés vivants dans la même pyramide à coté de ses archives et tous ses biens.

7. Montrez qu'il était méchant.
   Il voulait coûte que coûte garder le peuple de Dieu dans l'esclavage.

Leçon 5
Les Espions En Canaan, Des Déléguées De Mauvaise Foi

Textes pour la préparation: No. Chap.13 and 14
Versets à lire en classe: No. 13:17-25; 14:1-4
Verset à mémoriser: Et ils se dirent l'un à l'autre: Nommons un chef, et retournons en Égypte. No. 14:4
But: Montrer comment Dieu punit l'incrédulité.
Méthodes: Histoire, comparaisons, questions

Introduction
Douze espions choisis par Moïse pour explorer Canaan. Mission Avortée. Comment? Et Pourquoi?

I. **Stratégie missionnaire de Moïse**
   1. Pour créer un intérêt égal, Moïse sélectionna 12 explorateurs parmi les chefs des 12 tribus d'Israël. No. 13:2
   2. Cette délégation avait pour mission d'explorer le pays de Canaan, d'en faire un rapport avec des preuves à l'appui. No.13: 18-20
   3. La mission devait durer 40 jours à cause de l'étendue du pays à explorer et surtout à cause des précautions nécessaires à prendre pour passer inaperçu. No.13: 25

II. **Rapports contradictoires des espions**
   A. *Cotés objectifs*: conforme aux instructions de Moïse.
      1. Un pays riche: Il faut 2 personnes pour porter une grappe de raisin. No.13: 23
      2. Les géants habitaient le pays. No.13 : 28

3. Les anciens ennemis aussi (Amoréens, Héthiens, Jébusiens. Cananéens) No.13 : 29
4. Caleb et Josué soit 2 sur 12 votèrent pour la conquête de Canaan. 14:6-7. Ils crurent en la possibilité d'une réédition de l'épopée de la Mer Rouge. No.14 : 9

B. *Cotés négatifs*
1. Les espions donnèrent un rapport négatif pour désarmer Moise et l'exposer à la confusion générale. No.13:26
2. Ils décrièrent le pays de promesse. No.13:32
3. Ils prirent cette aventure pour un suicide collectif. No. 32
4. Ils révoquèrent Moise et décidèrent le retour en Egypte. No.14:4
5. Le dernier acte avant de partir serait de tuer Moise, Caleb, et Josué. No.14:10

III. **Décisions de Dieu**
1. La condamnation de tout Israël à passer 40 ans dans le désert. No.14:34
2. Caleb, Josué, et les moins de 20 ans seront les seuls autorisés à entrer dans la Terre Promise. No.14:29-30.

Nous verrons plus tard que, arrivé dans la Terre Promise, Caleb va revendiquer le territoire des géants comme possession. Jos. 14:7-15

IV. **Leçons** à **tirer**
1. Le doute voit les géants, la foi voit Canaan.
2. Quand le méchant veut faire du tort, Il méprise toutes les règles d'usage.
3. Quand Dieu est avec vous, vous avez la majorité. Le nombre de vos adversaires importe peu.

Questions

1. Combien d'espions furent envoyés à Canaan?
Douze

2. Quelle était la stratégie missionnaire de Moise?
Exploration de Canaan avec 12 espions

3. Citez un résultat positif de cette mission.
Le pays était riche.

4. Citez en 3 résultats négatifs.
Dénigrement du pays, grève générale, menace de suicide

5. Quelles furent les décisions de Dieu?
La mort des gens au-dessus de 20 ans, à l'exception de   Moise de Caleb et de Josué

6. Tirez deux leçons de cette mission.
Eviter le doute. Compter sur Dieu à l'heure du danger.

Leçon 6
Les Aigris et les Ambitieux du Pouvoir

Textes pour la préparation: Ex. 6:16-21; No. 16; Jud.11

Versets à lire en classe: No.16:1-13

Verset à mémoriser: Moïse dit: A ceci vous connaîtrez que l'Éternel m'a envoyé pour faire toutes ces choses, et que je n'agis pas de moi-même. No.16:28

But: Servir Dieu humblement et respecter l'homme de Dieu dans Son ministère

Méthodes: Histoire, comparaisons, questions

Introduction
Une coalition des membres de sa propre famille avec des gens d'église, est le complot le plus dangereux qui puisse menacer un serviteur de Dieu. Moise a dû l'éprouver un jour.

I. **Les opposants**
   1. Koré, petit-fils de Lévi, cousin de Moise et d'Aaron. Ex. 6:16-21; No. 16:1
   2. Dathan, Abiram et On, fils de Ruben, le fils aîné de Jacob, neveu de Moise. No. 16:1
   3. 250 principaux leaders d'Israël, parents de Moise. No. 16:2

II. **L'opposition**
   1. Koré réclamait une élection en urgence: «Moise ne devait pas être sacrificateur à perpétuité. D'autres Lévites aussi compétents que lui pourraient remplir cette fonction.». No. 16:3

2. Dathan et Abiram revendiquèrent sans nul doute le titre de gouverneur pour quelqu'un de la tribu de Ruben, le fils aîné de Jacob. No. 16:3
3. Ainsi, ils accusèrent Moise de mensonge et d'abus d'autorité. No. 16:13-14
4. Ils avaient même déclaré que la vie en Egypte était meilleure à celle au désert. No.16: 13

III. **Convocation solennelle**
1. Moise les traduisit en justice devant l'Eternel, leur Cour Suprême. No. 16:7, 16
2. Chacun devait se conformer pour cette présentation. No.16 :17

IV. **Verdict de Dieu**
1. Koré, Dathan, Abiram et On devaient être mis à l'index. No.16 : 21
2. Moise réclamait pour eux des funérailles collectives, exceptionnelles. No.16 : 29, 30
3. Résultats:
   a. La terre ouvrit sa bouche et les engloutit vivants. No.16 :32
   b. Le feu du ciel consuma les 250 leaders complices. No.16 : 35
   c. Le lendemain, des mécontents blâmèrent Moise et Aaron pour ce châtiment. Ils périrent par une plaie venue de L'Eternel.
   d. Bilan: 14,700 morts. No.16:41-42, 49

V. **Attitude de Moise**
1. Il n'avait pas discuté avec Koré et les mécontents sur la validité de son sacerdoce. Au contraire, il leur donnait à tous rendez-vous devant le tribunal de Dieu. No.16: 4,7

2. Il rappela brièvement à Koré les limites de son rôle comme Lévite:
   a. Entretenir le sanctuaire, transporter le tabernacle, dresser la tente. Nob.16 :9
   b. Assister le sacrificateur dans les divers travaux du ministère.
      No.1:50-53;3:6-9,25-37;4: 1-33;1S.6:15;2S.15:21
   c. Seul les fils d'Aaron, Lévites eux aussi, pouvaient être sacrificateurs.
      Ex.28:39-43;40:13-16
3. Il continua son ministère sans garder rancune à personne. No.16 : 46

Conclusion
Restez dans le droit, le Dieu droit fera droit à votre droiture.

Questions

1. Qui était Koré? Cousin de Moise
2. Qui étaient Dathan, Abiram, On?
   Parents de Moise du coté de Ruben
3. Pourquoi Koré voulut-il se soulever contre Moise?
   Pour le remplacer.
4. Que fit Moise? Il le convoqua devant L'Eternel.
5. Comment mourut-il? Englouti dans la terre
6. Que fit Dieu aux 250 complices? Il les incendia
7. Que fit- Il aux mécontents? Il les décima par la plaie
8. Quelle était l'attitude de Moise?
   Sans rancune à ses ennemis

Leçon 7
Un Chef d'Etat Paranoïaque et Sadique

Textes pour la préparation: Jg 8:22-9:1-57
Versets à lire en classe: Jg. 9:1-5; 22-23
Verset à mémoriser: Ainsi Dieu fit retomber sur Abimélec le mal qu'il avait fait à son père, en tuant ses soixante-dix frères. Jg. 9:56
But: Montrer le sort final des méchants
Méthodes: Histoire, comparaisons, questions

Introduction
L'ambition du pouvoir aveugle très souvent les candidats qui passent outre les valeurs morales et humaines pour réussir. Abimélec, faites-vous reconnaître!

I. **Campagne électorale d'Abimélec**
   1. Soixante-dix de ses frères, tous fils de Gédéon étaient candidats au trône de roi en Israël. Abimélec va les écarter tous en récoltant les suffrages des Sichémites, ses parents du côté maternel. Jg. 9:1-2
   2. Ses oncles étaient des supporteurs farouches de sa campagne électorale. Jg.9 : 3
   3. Ils vidèrent donc entre ses mains tout le trésor de Baal-Berith, leur dieu. v. 4. Abimélec s'en servit pour acheter des misérables et des «déchouqueurs». En un rien de temps il mit le pays à feu et à sang. Jg.9 :4
   4. Il les arma tous pour tuer ses 70 frères et se proclamer roi. Jg.9 : 5-6

II. Trahison du cartel

Dieu envoya un mauvais esprit qui tourna les Sichémites contre Abimélec. Jg.9 : 23.
1. Ils trahirent le parti d'Abimélec. v.23
2. Ils hissèrent des barricades sur tous les passages.
3. Ils dépouillèrent tous ceux qui les abordèrent. V. 25

III. Création d'un état de siège

Un nommé Zébul découvrit le complot d'un certain Gaal qui soulevait les Sichémites contre Abimélec. Dès lors, le roi mit le pays en état de siège. V. 34
1. *Première bataille*: Abimélec tua beaucoup de Sichémites dans la ville même. v. 40
2. *Deuxième bataille*: Il en tua des milliers dans la campagne. v. 43
3. *Troisième bataille*: Il mit le feu dans la forteresse du dieu Bérith. Des centaines de victimes y furent dénombrées. V.46-49
4. *Quatrième bataille*: Au moment où il allait incendier des familles réfugiées dans une tour à Thébets, une femme lui fracassa le crâne avec une meule de moulin. Il mourut sur le champ. v.53

Conclusion

Ainsi Dieu appliqua son jugement sur Abimélec et ses partisans qui l'avaient voté. Surveillez-vous, peuple de Dieu!

Questions

1. Qui était Abimélec? Un des fils de Gédéon, roi d'Israël

2. Qui soutenait sa campagne? Ses parents du côté maternel.

3. Que fit-il avec l'argent reçu?
   Il gagna des «déchouqueurs» pour tuer ses frères

4. Comment Dieu a-t-Il intervenu?
   Il retourna contre lui les gens de son propre pays.

5. Quelles étaient ses réalisations ?
   Quatre batailles contre son propre peuple.
6. Comment mourut-il? Assommé par une femme.

Leçon 8
Les Intrigants Sans Vergogne

Textes pour la préparation: Néhémie (tout le livre)
Versets à lire en classe: Ne. 2:17-20
Verset à mémoriser Et je leur fis cette réponse: Le Dieu des cieux nous donnera le succès. Nous, ses serviteurs, nous nous lèverons et nous bâtirons; mais vous, vous n'avez ni part, ni droit, ni souvenir dans Jérusalem. Ne. 2:20a et b
But: Montrer que l'adversité rend l'enfant de Dieu plus audacieux.
Méthodes: Histoire, comparaisons, questions

Introduction
Dès que vous voulez servir Dieu, vous avez automatiquement un ennemi à affronter. Le livre de Néhémie va confirmer cette déclaration.

I. **Expliquer la présence de Néhémie à Jérusalem**
   1. Il y vint au nom du roi Artaxèrxès avec pour mission de rebâtir les murailles de Jérusalem. Ne. 2:7
   2. Il avait son visa régulier et la carte de crédit du roi à sa disposition. Ne. 2:7, 8
   3. Il motiva le peuple, comme capital humain et intéressé à ce travail. Ne. 2:18

II. **D'où lui vint l'opposition?**
   1. *Des individus sans droit ni qualité pour faire opposition.*
      a. De Sanballah, le Horonite (1) 1 R. 9:17
      b. De Tobija, l'Ammonite, ennemi juré d'Israël. De. 23:3-4

    c. De Gueschem, l'Arabe, descendant d'Ismaël, ennemi d'Israël. Ne. 6:1
2. *Des juifs, ses frères peu renseignés sur l'étendue de sa mission.*
    a. Juda qui se plaignit pour les débris de construction à enlever. Ne. 4:10
    b. De Noadia la prophétesse, une espionne dans l'église. Ne. 6:4
    c. De Shemaeja un sacrificateur crédible mais corrompu. 6:10-12

III. Raisons de l'opposition
1. Néhémie vient au nom du roi pour faire du bien aux juifs. Sa présence à Jérusalem suffit pour révéler la méchanceté et l'hypocrisie de ces gens. Ne.4:1,7,8.
2. Néhémie est une menace pour leur intérêt personnel.
    a. Le sacrificateur Eliaschib était responsable des chambres dans la maison de Dieu. Il a abusé de son autorité en donnant une chambre à Tobija, un ennemi juré de Néhémie et d'Israël. Ne. 13:4. Cela se passa en absence de Néhémie. Ne. 12:6
    b. On ne veut pas d'un réveil qui va déranger des situations en place:
        i. La contrebande avec les Tyriens le jour du Sabbat. Ne. 13: 16
        ii. Le commerce régulier en plein jour de Sabbat. Ne. 13:15

iii. Les services du temple sans un salaire décent au lévite. Ne. 13:10
Autant de situations qui prouvent que ces gens-là étaient méchants. Néhémie donc n'avait qu'une voie de recours: L'Eternel. Il réussit parfaitement!

Conclusion
N'ayez qu'une seule arme pour combattre l'adversaire de Dieu: La prière

Questions

1. Quelle était la mission de Néhémie à Jérusalem?
   Rebâtir les murailles

2. Qui étaient ses opposants externes?
   Samballah, Tobija, Gueschem

3. Qui étaient ses opposants internes?
   Des Juifs, des sacrificateurs, des prophètes.

4. Pourquoi tant d'oppositions?
   Parce qu'ils étaient méchants

5. Comment Néhémie a-t-il fait pour leur résister?
   Il priait et agissait.

---

1. De Beth-Horon qui signifie: *Maison de fausseté.*

Leçon 9
Haman, L'Ennemi Juré des Juifs

Textes pour la préparation: Esther (tout le livre)
Versets à lire en classe: Esther 3
Verset à mémoriser: Va, rassemble tous les Juifs qui se trouvent à Suse, et jeûnez pour moi, sans manger ni boire pendant trois jours, ni la nuit ni le jour. Moi aussi, je jeûnerai de même avec mes servantes, puis j'entrerai chez le roi, malgré la loi; et si je dois périr, je périrai. Esth. 4:16b
But: Montrer que le méchant fait une œuvre qui le trompe.
Méthodes: Histoire, questions, discours, vidéo

Introduction
Nommé premier ministre, Haman décréta la mort de tous les juifs vivant dans le royaume d'Assuérus. Pourquoi?...Va t-il réussir?...Suivons son histoire.

I. **Motif du décret**
   1. Tous les chefs de la diaspora saluaient Haman sauf le juif Mardochée. En ce temps-là, Les juifs ne saluaient jamais les étrangers. Esther 3:1-4
   2. Haman voulut affirmer son autorité d'une manière éclatante. C'est ainsi qu'il décida lui-même d'en supporter les frais. Esther 3:8-9

II. **Les implications de cette décision**
   1. Du coté de Haman
      a. Il était Amalécite, donc l'ennemi de Dieu et des juifs. Ex. 17:16; 1 S.15:8

b. Il va obliger le roi à prendre des décisions défavorables à la tradition et à la culture du peuple juif.
c. Ainsi il va irriter sans raison valable 127 groupes minoritaires contre la royauté d'Assuérus.
d. De plus il va inspirer la crainte aux autres nations en créant un climat de terreur et d'insécurité.
e. En somme il va faire passer un problème personnel pour une affaire politique. 3:9-10
f. Aveuglé par la méchanceté, il ne voit pas la vie du roi à protéger comme Mardochée l'a fait.

Un jour, le roi voulut honorer un bienfaiteur. Il en demanda des suggestions à Haman. Ce général proposait un honneur exceptionnel à rendre à ce bienfaiteur, sachant qu'il s'agissait de lui. Le premier ministre du roi va rendre service à son ennemi Mardochée sans le savoir. 6:4-13

Invité à dîner chez la reine, il n'a payé aucune attention sur l'accent et les traits physiques qui caractérisent Esther comme juive. 7:1

2. *Du côté d'Esther*

Elle était juive et comme telle, elle voulait sauver son peuple avec l'arme qui désarme: Le jeûne et la prière. Esther 4:16

Elle affrontait l'adversaire sans l'effaroucher jusqu'au moment de lui porter le coup mortel: elle dévoilait au roi la félonie d'Haman. Esther 7:4-6, 10

III. **Le résultat**
1. Haman perdit sa position, ses biens, sa famille et même sa vie. 7:10, 8:1-2
2. Des milliers de Persans périrent dans le massacre ordonné par le roi. 9:16
3. Mardochée succéda à Haman avec la même autorité et les mêmes privilèges. 10:3

Conclusion
L'Eternel connaît la voix des justes, mais la voix des méchants mène à la ruine.

Questions

1. Pourquoi Haman décréta-t-il la perte des juifs?
   Parce que le juif Mardochée refusait de le saluer.

2. Quelles furent les implications de cette décision?
   Forcer le roi à décider la mort de tous les juifs vivant à Suse, la capitale.

3. Que fit Esther pour défendre la vie de son peuple?
   Elle jeûnait et priait.

4. Quelle action a-t-elle menée?
   Elle dévoila au roi la félonie d'Haman au cours d'un dîner chez elle.

5. Quels en furent les résultats?
   Haman et des milliers de Persans furent massacrés à la   satisfaction de Mardochée, d'Esther et des juifs.

Leçon 10
Saul, Une Ame Damnée

Textes pour la préparation: Jos. 9:15; 1Sam. 13:14; 18:5-30; 19: 20-23; 22:6-19
Versets à lire en classe: 1 Sam. 13:5-14
Verset à mémoriser: Saül consulta l'Éternel; et l'Éternel ne lui répondit point, ni par des songes, ni par l'urim, ni par les prophètes. 1Sam. 28:6
But: Montrer que toute décision prise hors de Dieu est une cause de chute.
Méthodes: Histoire, comparaisons, questions

Introduction
Saul, premier roi en Israël, quel fiasco! Regardez-le: A-t-il vraiment l'attitude d'un roi? Il est méchant, oui très méchant. Et contre qui?

I. **D'abord contre L'Eternel**
Il n'était pas ordonné pour remplir aucune fonction sacerdotale. Ainsi son excuse présentée au prophète Samuel n'était qu'**une Raison d'Etat**. 1 S. 13:13
Et depuis, Dieu lui tourne le dos. 1 S. 14:17
Alors, il décida, lui aussi, de tourner le dos à Dieu. Comment?
 a. Il se fait ami d'un ennemi de L'Eternel, Agag, roi Amalécite. Ex. 17:16; 1S. 15:3, 9
 b. Puisqu'il consulta l'Eternel une dernière fois sans succès, alors, il consulta une magicienne, à En-dor.
 1 S. 28:7-8

c. Dès lors, Dieu décida sa mort et même de son fils, le prince Jonathan, quoique celui-ci fût l'ami intime de David. **Raison de Dieu**. 1S.28:19

II. **Puis, contre David, son beau-fils, et son bienfaiteur**
 1. Il haïssait David depuis l'annonce de sa révocation. 1 S. 13:14
 2. Mais depuis, Dieu a transféré sur David le bon esprit de Saül possédé maintenant d'un mauvais esprit. 1 S. 16:13-14
    a. David, le vainqueur de Goliath a sauvé sa couronne. 1 S. 17:50
    b. David est devenu gendre du roi pour prix de cette victoire. 18:22
    c. David, le champion d'Israël, la garantie incontestée de la couronne impériale, a été sans cesse poursuivi par Saül, ce roi méchant:
       i. Pour 100 prépuces de Philistin que le roi demandait comme gage pour l'obtention de la main de sa fille, il en donna 200. Malgré tout cela, Saül dépêcha des recherches criminelles pour le tuer. 1Sam. 19:14-17, 23
       ii. Un autre jour, il fit même le siège d'une ville pour tuer David. 1 S. 23:8-11

III. **Ensuite, contre les Gabaonites**
Les Gabaonites avaient reçu la citoyenneté Israélienne avec tous les droits que ce titre confère en vertu d'un contrat bilatéral avec Josué. Saul a violé ce contrat en les détruisant par les travaux forcés. Jos. 9:15; 2 S. 21:1

IV. **Enfin, contre son âme.**
1. Abandonné de Dieu, c'était une opportunité pour lui de confesser son péché et de se repentir. Tolérer Agag, un Amalécite, c'était déclarer la guerre à L'Eternel.
2. Consulter un bocor parce que Dieu ne vous répond pas, c'était une vexation pour L'Eternel, un mépris qu'Il ne pardonne pas. Saul doit donc mourir.

Conclusion: Dieu ne vous demande que l'obéissance. Obéissez-le.

Questions

1. Qui fut le premier roi en Israël? Saul

2. Pourquoi Dieu l'a-t-Il destitué? (2)
   A cause de sa désobéissance.

3. Donnez 4 raisons pour lesquelles nous disons que Saul était méchant?
   a. Il se faisait ami d'un ennemi de L'Eternel,
   b. Il voulait tuer David à la fois son beau-fils et son bienfaiteur.
   c. Il a détruit les Gabaonites malgré leur contrat avec Israël.
   d. Il consulta un devin (1) pour connaître l'avenir.

4. Quel est le châtiment que Dieu lui a infligé?
   Sa mort et celle du prince Jonathan, l'héritier légitime de la couronne

5. Qui était le prophète de L'Eternel en ce temps là? Samuel

---

1. Devin: houngan, bocor
2. Révoqué

Leçon 11
Des Hommes Cyniques et Méchants sous le Règne de David

Textes pour la préparation: 1S. 14:50; 2 S. 3:27; 16:5-23; Chap. 17 à 21; 1 R. 2:28-46; Ps. 1
Versets à lire en classe: 1 R. 2:28-46
Verset à mémoriser: C'est pourquoi les méchants ne résistent pas au jour du jugement, Ni les pécheurs dans l'assemblée des justes. Ps.1:5
But: Montrer les conséquences de l'audace et du cynisme chez certains hommes
Méthodes: Histoire, comparaisons, questions

Introduction
Quand vous faites le bien de bon cœur, attendez-vous d'avoir de vrais ennemis et de faux amis. David a passé par là. En guise de preuves nous avons:

I. **Schimeï, parent de Saül**
Il maudit David publiquement, parce qu'il le sait en défaveur devant son fils Absalom acharné à sa poursuite. Mais quand le sort tournait contre Absalom, il vint alors devant David avec des excuses. 2 S. 16:5-8; 19:19-21

II. **Doëg, un Edomite, ennemi des Juifs.**
Il trahissait David pour plaire à Saül. Doëg a accepté de tuer 85 sacrificateurs au refus des bourreaux d'obéir à l'ordre insensé de Saül. 1 S. 21:7; 22: 9, 16.
De nombreuses familles perdirent la vie à la suite de cette trahison.

III. Nabal, un cupide (1)
1. David montait la garnison pendant plusieurs jours pour protéger la ferme de Nabal. 1S.25:16
   a. En guise de récompense, il chassa malhonnêtement une délégation de David qui venaient lui solliciter des vivres. 1S.25:10-11
   b. A la menace d'invasion des biens de Nabal, sa femme Abigail répara cette erreur en ravitaillant l'armée de David. 1S.25:18-19,27
   c. L'annonce de cette nouvelle suffisait pour provoquer chez cet avare une congestion cérébrale. Il mourut 10 jours plus tard. 1S. 25:18-19; 27, 36-37

IV. Joab, parent de David, chef de son armée. 1S.14:50
1. Il tua lâchement Abner chef d'armée pour venger son frère Asaël. 2 S. 3:27
2. Il tua lâchement son successeur Amasa et obligea tacitement David à le retourner à son poste de général en chef de l'armée. 2 S. 19:13; 20:8-10
3. Il tua lâchement le prince Absalom malgré l'ordre du roi. 2S. 18:5, 9-15

V. Achitophel

Membre du conseil le plus influent dans l'Empire Davidique. Se croyant peut-être le plus qualifié pour la régence à la mort de David, il trahit le roi en faveur du prince Absalom. Son plan a échoué. 2 S. 17:23

VI. La Fin de ces Méchants

1. Sous l'ordre du roi, Schimei fut mis à mort par Benaja, pour avoir violé le principe de la résidence surveillée à laquelle Salomon l'avait soumis. 1 R. 2:36-46
2. Joab fut aussi exécuté par Benaja, sous l'ordre de Salomon. 1 R. 2:28-30. Joab, chef d'armée, n'était pas compté parmi les vaillants hommes du roi. 2 S. 23:8-39
3. Achitophel se voyant découvert, n'ayant pu survivre à sa déception, se pendit. 2S.17:23
4. Quant à Doëg, il a disparu de la scène comme la paille que le vent dissipe.

Conclusion

La voix des méchants ne mène qu'à la ruine.

Questions

1. Qui était Schimei?
   Parent de Saül et un opposant de David
2. Pourquoi l'appelons-nous cynique?
   A cause de son hypocrisie et son audace
3. Qui était Nabal? Un fermier ivrogne et méchant
4. Pourquoi l'appelons nous méchant?
   Parce qu'il a méprisé David son bienfaiteur
5. Comment mourut-il? D'une congestion cérébrale
6. Qui était Joab? Chef de l'armée de David
7. Achitophel? Conseiller du roi
8. Comment mourut-il? Par la pendaison
9. Quel fut le sort de Doëg?
   Il fut comme la paille que le vent dissipe
10. Comment mourut Schimei?
    Exécuté par ordre du roi Salomon pour violation de la résidence surveillée.

---

1. *Cupide:* avare

Leçon 12
Des Chrétiens De Mauvaise Foi

Textes pour la préparation: Mt. 25:38; Ac. 19:33; 1Ti. 1:19-20; 4:14; He.13:3; 3Jn. 9-10
Versets à lire en classe: 3Jn. 9-14
Verset à mémoriser: N'oubliez pas l'hospitalité; car, en l'exerçant, quelques-uns ont logé des anges, sans le savoir.He.13:2
But: Montrer les torts que des chrétiens de mauvaise foi peuvent causer à l'église.
Méthodes: Histoire, comparaisons, questions

Introduction
Qui aurait cru, qu'avec l'effusion de l'esprit dans les derniers temps, les églises seraient bondées de chrétiens de mauvaise foi? Et pourtant, la réalité est là. Voyons trois cas.

I. **Un trio de malhonnêtes: Hyménée, Philecte, Alexandre.**
Des chrétiens d'origine grecque comme leurs noms l'indiquent bien. Ac.19:33;1Ti.1:19-20;2Ti.2:17,18; 4:14

Ils vivaient à l'époque apostolique. Par conséquent, ils savaient bien que Jésus a vécu, qu'il était ressuscité et que par Son Nom, beaucoup de miracles étaient accomplis. Malgré tout, ils niaient la résurrection future des croyants. C'était donc un moyen pour justifier la doctrine des Sadducéens qui ne croyaient pas dans la résurrection des morts et ainsi détruire l'espérance des chrétiens. Pour cette raison, Paul les a excommuniés.

1 Ti. 1:20. Cela s'est passé en l'an 64 A.D. Mais en l'an 67, Alexandre reprit sa revanche en faisant beaucoup de tort à l'apôtre.

(Ici, le moniteur pourra inviter la classe à énumérer les torts qu'un chrétien chuté peut causer à l'œuvre et au pasteur. Par exemple: Dénigrement, opposition sans raison, agression verbale ou physique, pauvre contribution, rébellion ouverte, division...)

II. **Diotrèphe, membre influent dans l'église.** 3 Jn. 9, 10
Il revendiquait un droit qu'il n'avait pas.
1. Il passait pour être le premier parmi les frères. Sa décision était toujours finale. 3Jn. 9
2. Il décidait à lui seul de ne pas recevoir des missionnaires. 3Jn. 10
3. Il excommunia tous ceux qui osaient le faire v. 10

(Ici le moniteur peut demander aux élèves de présenter une peinture d'un Diotrèphe dans l'église du 21eme siècle: Elément négatif, il combat tous les projets qui n'émanent pas de lui. Il domine la scène par son ancienneté, sa voix grave, sa forte contribution, son intellectualité, son influence dans l'église sur beaucoup de membres ou organisations. Si vous refusez son conseil, il est prêt à démissionner. Il contredit le pasteur et lui désobéit en public. Le pasteur est impuissant devant lui à cause de sa popularité. Il oublie que c'est Dieu qui a le dernier mot)

Conclusion
Dieu demande d'exercer l'hospitalité. Qui refuse de le faire est méchant. Mt. 25:38; He. 13:2

Questions

1. Qui sont Hyménée, Philecte et Alexandre?
   Des chrétiens opposants.

2. Quelle était leur erreur?
   Ils niaient la résurrection future des croyants.

3. Quelle était la sanction que Paul leur infligea?
   L'excommunication

4. Quelle était la réaction d'Alexandre?
   Il fit beaucoup de tort à l'apôtre.

5. Qui était Diotrèphe? Un membre influent dans l'église

6. Quelle était sa faute?
   Il refusait l'hospitalité aux missionnaires.

Récapitulation Des Versets.

| Leçons | Sujets | Versets |

1. **Caïn, Le Premier Criminel.** Ge.4:9
   L'Éternel dit à Caïn: Où est ton frère Abel? Il répondit: Je ne sais pas; suis-je le gardien de mon frère?

2. **Les Frères de Joseph, Une Gangue De Méchants** Ge. 37:4
   Ses frères virent que leur père l'aimait plus q'eux tous, et ils le prirent en haine. Ils ne pouvaient lui parler avec amitié.

3. **Les Frères De Joseph, Leur Sort (suite)** Ge. 50:20
   Vous aviez médité de me faire du mal: Dieu l'a changé en bien, pour accomplir ce qui arrive aujourd'hui, pour sauver la vie à un peuple nombreux.

4. **Les Pharaons, Suppôts De Satan** Ex.7:14
   L'Éternel dit à Moïse: Pharaon a le Coeur endurci; il refuse de laisser aller le peuple.

5. **Les Espions En Canaan, Des Délégués De Mauvaise Foi.** Nob. 14: 4
   Et ils se dirent l'un à l'autre: nommons un chef, et retournons en Égypte.

6. **Les Aigris Et Les Ambitieux Du Pouvoir** Nob. 16: 28
   Moïse dit: A ceci vous connaîtrez que l'Éternel m'a envoyé pour faire toutes ces choses, et que je n'agis pas de moi-même.

7. **Un Chef d'Etat Paranoïaque et Sadique.** Juge 9: 56
   Ainsi Dieu fit retomber sur Abimélec le mal qu'il avait fait à son père, en tuant ses soixante-dix frères.

8. **Les Intrigants Sans Vergogne.** Neh. 2: 20a
Et je leur fis cette réponse: Le Dieu des cieux nous donnera le succès. Nous, ses serviteurs, nous nous lèverons et nous bâtirons; mais vous, vous n'avez ni part, ni droit, ni souvenir dans Jérusalem.

9. **Haman, L'Ennemi Juré Des Juifs** Esther. 4:16b
Moi aussi, je jeûnerai de même avec mes servants, puis j'entrerai chez le roi, malgré la loi; et si je dois périr, je périrai.

10. **Saul, Une Ame Damnée.** 1 Sam. 28: 6
Saul consulta l'Éternel; et l'Éternel ne lui répondit point, ni pas des songes, ni par l'urim, ni par les prophètes.

11. **Des Homme Cyniques Et Méchants Sous Le Règne De Da**vid. Ps. 1: 5
C'est pourquoi les méchants ne résistent pas au jour du jugement, ni les pécheurs dans l'assemblée des justes.

11. **Des Chrétiens De Mauvaise Foi** Heb. 13: 2
N'oubliez pas l'hospitalité; car, en l'exerçant, quelques-uns ont logé des anges, sans le savoir.

SERIE III-

LE SALUT

Avant-propos

Dans l'avant-scène de la création, il s'est produit un événement dont le mystère nous est révélé à travers la trame de l'histoire biblique. Malgré tous nos efforts pour en reconstituer les détails, nous ne pouvons que nous livrer à des spéculations. Nous en appelons à l'indulgence de nos lecteurs.

Quel était cet événement?
Lucifer, un ange de Dieu, s'est associé une légion d'anges pour se révolter contre son créateur. Dès lors, Dieu l'appelle Satan ou le Diable et ses anges, des démons. Dieu les chasse du paradis et leur donne pour domaine l'air et la terre. Ezech.28: 14-19; Eph.2:1-3; 6: 11-12

Il s'ensuit donc que Dieu a des places vacantes à remplir. A ce moment Il dit: « Faisons l'homme, le genre humain, selon notre ressemblance ». En effet, le but de Dieu était d'avoir des adorateurs pour le louer et le servir. Cependant, Satan n'avait aucun intérêt à avoir des remplaçants. Voilà pourquoi il cherchait à dégrader l'image de Dieu en l'homme en l'induisant à la tentation et au péché. Effectivement il l'a séduit et l'homme fut chassé du paradis terrestre. Dès lors Dieu initia un plan de salut pour le sauver.
Le livre «Le Salut» traitera de ce sujet pour votre édification.

L'auteur

Leçon 1
Le péché, cause de notre perdition

Textes pour la préparation: Ge.chap.3; Jos.24: 19; Job.14: 17; Es.59: 1; Ro.3: 23; 6: 23; 2Co.5: 21; Jn.3:36; 1Jn.5:17-19
Versets à lire en classe: Ro. 6: 1-10
Verset à mémoriser: Or, si nous sommes morts avec Christ, nous croyons que nous vivrons aussi avec lui. Ro.6: 8
But: Parler de la chute de l'homme et de son salut par Christ
Méthodes: Discours, discussions, questions

Introduction
L'homme était créé par Dieu pour vivre heureux, pour lui donner gloire, pour demeurer en sa présence et le servir. Il a perdu tous ses privilèges. Pourquoi? A cause du péché.

I. **Quel était donc son péché?** Ge. 3: 2
   1. Dieu dit à l'homme: « Tu as droit à tous les arbres du jardin, sauf à l'arbre qui est au milieu ». Puisqu'il y a touché, son premier péché c'est la *désobéissance*.
   2. Puisqu'il a écouté la voix du malin, il a commencé par douter de Dieu, son deuxième péché est le *doute. v.6*
   3. Admettons que Adam veut rendre Dieu responsable pour son péché savoir, qu'il ne devrait pas planter l'arbre au milieu du jardin; son troisième péché est *la lâcheté. v.6*

4. Et puisqu'il a pris *contact avec un mauvais esprit* pour lui obéir, son quatrième péché est le *spiritisme*. Lé. 19:31

II. **Quelle est la nature du péché?**
   1. La transgression d'une loi. Jos. 24:19
   2. L'iniquité. 1Jn. 5:17
   3. La rébellion. No.14:18
   4. Tout ce qu'on fait en dehors de la volonté de Dieu est péché. C'est pourquoi dans la prière dominicale, Jésus, après avoir donné gloire à Dieu, demande que sa volonté soit faite sur la terre, comme au ciel.

III. **Quelles sont les conséquences du péché?** Ro.3:23; 6:23
   1. Séparation d'avec Dieu: Mort éternelle. Es. 59:1
   2. Satan exerce son pouvoir sur nous. 1Jn. 5:19
   3. On est perdu. Car le salaire du péché c'est la souffrance, la maladie, la tentation enfin la mort.
   Jn. 3: 36; Ro.3: 23; 6: 23
   4. Jésus vint subir le châtiment à notre place. 2Co. 5:21
   5. Le paradis perdu en Adam est retrouvé en Jésus-Christ.

Conclusion:
Dieu sauve aujourd'hui. Venez à lui maintenant pour être délivré du péché, de la mort et de la condamnation éternelle.

Questions

1. Quels sont les noms donnés au péché de l'homme?
   La désobéissance, le doute, la lâcheté, le spiritisme

2. Quelle est la nature du péché?
   La transgression, l'iniquité, la rébellion

3. Quelles sont les conséquences négatives du péché?
   La séparation d'avec Dieu, le pouvoir de Satan sur nous, notre mort éternelle.

4. Quelles sont les conséquences positives pour l'homme?
   La rédemption par Jésus-Christ, la vie éternelle.

5. Définir le péché dans un sens général? Toute action de l'homme en dehors de la volonté de Dieu.

Leçon 2
La Conversion

Textes pour la préparation: Je. 29: 13; Amos. 8:11c; Mt.10:24-42; 11: 28; Lu. 15 :11-24;19: 10; Jn.1: 12; 5: 39
Versets à lire en classe: Luc. 15:11-20
Verset à mémoriser: Je me lèverai, j'irai vers mon père, et je lui dirai: Mon père, j'ai péché contre le ciel et contre toi. Lu.15:18
But: Montrer les étapes vers la conversion
Méthodes: Discussions, questions

Introduction
L'homme est perdu à cause du péché. Que peut-il faire pour se sauver? Dieu seul en a la solution. Il doit venir à lui.

I. **Conditions de l'homme pour son salut:**
   1. Tout homme sans Christ est un fils prodigue. Il doit savoir qu'il est perdu. Lu. 15:17b
   2. Il doit réaliser son état de perdition à cause d'une vie loin de son père.
   3. Il doit savoir que rien dans entourage ne peut le sauver. Son péché le condamne Lu. 15:14
   4. La société au sein de laquelle il vit, est en faillite. (*Drogue, crime, homosexualité, prostitution, vol, superstition pour réussir*). Une grande famine sévit dans le pays, la soif d'entendre la parole, nous dira le prophète Amos. Amos. 8: 11c
   5. Il doit se rappeler qu'il avait gaspillé tout son avoir : (*jeunesse, beauté, force, réputation et santé*). Ainsi il est à court de moyen pour se sauver. v. 13a, 14a

6. Il doit savoir que son Père est tellement riche que nul n'a pu l'appauvrir. v. 17 (***Abondance de grâce, de joie, de paix, d'amour, de protection ...***)
7. Il doit s'avouer vaincu et doit être disposé à accepter la grâce du père parce qu'il est un fils indigne. On ne peut venir à Dieu avec sa suffisance, mais avec sa repentance. v. 19
8. Il doit s'humilier pour accepter le salut gratuit que Dieu donne en Jésus-Christ. v. 19

Remarques:
1. Le père n'était jamais allé le chercher. Il l'attendait à la maison. C'était un moyen de le réduire et de le forcer à se repentir.
2. Dieu nous aime mais il ne nous flatte pas. «Vous me chercherez et vous me trouverez si vous me cherchez de tout votre cœur.» Je. 29:13
3. Jésus est venu dans le monde chercher et sauver les perdus. Lu. 19:10; mais Il vous dit: « Venez à moi ». Mt. 11:28
4. Il nous envoie comme missionnaire pour chercher les âmes perdues, mais c'est au pécheur de prendre une décision personnelle. Jn.1: 12; 5: 39

Conclusion
Venez à Jésus maintenant. Le salut est là et en lui seul.

Questions

1. Qui doit se convertir? Tous

2. Pourquoi? Parce que tous ont péché

3. Que peut faire l'homme pour se sauver? Rien

4. Par quel moyen peut-il être sauvé? Il doit se savoir perdu et que Dieu a tout fait pour le sauver.

5. Quel est le rôle de l'église dans le salut?
   Chercher les âmes pour Jésus.

6. Dieu a-t-Il une méthode différente pour sauver chaque type de pécheur
   Non. Une seule méthode: Le salut par grâce

Leçon 3
Conversion (Suite)

Textes pour la préparation: Es.55 :1-2; Mt. 3: 9; 11: 28-29; 21: 31-32; Lu.15: 11-27; Jn.7: 37-38; 1Co. 1: 20-23; 2Co. 5: 17-21; Ep.5: 18-20
Versets à lire en classe: Mt. 11:28-30
Verset à mémoriser: Vous sondez les Écritures, parce que vous pensez avoir en elles la vie éternelle: ce sont elles qui rendent témoignage de moi. Jn.5:39
But: Montrer la part de l'homme dans le salut de Dieu
Méthodes: Discussions en groupe, questions

Introduction
Vous entendez souvent des gens dire qu'ils vont se convertir ou bien qu'ils « vont se faire protestants » ou bien qu'ils vont «prendre l'évangile». Qu'est-ce que la conversion?

I. **Définition générale et profane mais fausse**
   1. Se faire protestant. Mt. 11:28
   2. Abandonner l'église catholique, le vodou, les bocors, les loas et les anges rebelles. Mt.11: 28
   3. Ne plus aller au bal, aux jeux de hasard. Mt.11: 28
   4. Abandonner la drogue, la prostitution, les plaisirs.
      On doit féliciter un pareil effort humain. C'est une réformation morale ou sociale, mais ce n'est pas là la conversion. Ces définitions donc sont fausses et dénuées de tout fondement théologique. 2 Co. 5: 17

II. **Définition spéciale mais illogique.**
 1. On va se faire protestant parce qu'on recherche la guérison pour une certaine maladie.
 2. On demande la conversion parce qu'on a des enfants et des besoins matériels que les anciens maris ne veulent satisfaire.
 3. On est à la recherche d'un milieu intellectuel. 1Co. 1:20-23
 4. Mon mari me demande de le faire. Je dois lui obéir.
 5. Le bocor me le demande comme le seul moyen pour obtenir la guérison. Ac. 4:12
 6. Je suis né dans l'évangile, je suis un enfant de la promesse. Je n'ai pas besoin de me convertir. Mt. 3:9; 21:31-32

III. **La vraie conversion**
 1. On se reconnaît pécheur, désespéré de soi-même, on reconnaît son besoin urgent d'un sauveur. Lu. 15: 17
 2. Le cœur est touché par le message de l'évangile. Par conséquent, un changement de comportement et de vie se produit dans le croyant. 1Co.6:2
 3. On reconnaît son état de perdition et on est décidé à tout abandonner pour suivre Jésus. Mt. 11:28
 4. On craint d'aller en enfer au moment où Dieu donne les moyens pour y échapper. On veut obtenir le pardon de ses péchés. He. 12:29
 5. On reconnaît que la religion ne satisfait pas. On recherche la paix et la vie en Jésus-Christ. Je. 2: 13; Mt. 11:28

IV. **Preuves de la vraie conversion**
 1. On ne retourne plus à ses anciens vices. 2 Co. 5:17
 2. On confesse ses anciens péchés avec un profond regret. 1Jn. 1:9
 3. On recherche la compagnie des chrétiens. Ep. 5:18-20
 4. On a la soif de vivre de la Parole. Es.55: 1-2; Jn.7: 37-38

Conclusion
Toute fausse conversion vous permet d'entrer dans l'église mais jamais dans le royaume de Dieu. Vous êtes tristement perdu. Tandis qu'il en est temps, décidez-vous à recevoir Jésus Christ comme sauveur.

Discussion
Si je n'ai jamais fait de mal, Dieu ne me sauvera-t-il pas?

Questions

1. Donnez 3 fausses définitions de la conversion?
   a. Se faire protestant
   b. Abandonner une religion pour une autre
   c. Abandonner la drogue, la prostitution

2. Trouvez un nom pour ces fausses définitions
   Réformation morale.

3. Donnez 3 définitions spécifiques mais illogiques
   a. On se convertit pour obtenir la guérison
   b. On se convertit pour plaire à son mari
   c. On se convertit pour trouver un milieu intellectuel

4. Peut-on être né chrétien?
   Non. On peut naître dans une famille chrétienne.

5. Comment reconnaître la vraie conversion ?
   a. On doit se reconnaître pécheur, perdu, incapable de se sauver soi-même.
   b. On doit reconnaître que Dieu a tout fait pour nous sauver
   c. On vient à Christ pour le recevoir dans son cœur comme Seigneur et Sauveur

6. Comment confirmer la vraie conversion?
   a. On ne retourne plus à son ancienne vie.
   b. On confesse ses péchés.
   c. On répare les dommages causés au prochain.
   d. On recherche la compagnie des chrétiens.

Leçon 4
La Repentance, Une Obligation

Textes pour la préparation: Lu.13:1-5; 15 :11-32; Ro.10: 9-17

Versets à lire en classe: Lu. 15:17-22

Verset à mémoriser: Pierre leur dit: Repentez-vous, et que chacun de vous soit baptisé au nom de Jésus Christ, pour le pardon de vos péchés; et vous recevrez le don du Saint Esprit. Ac.2:38

But: Montrer la deuxième étape dans le salut du croyant

Méthodes: Discussions, questions

Introduction
Si la conversion est un changement de cœur qui produit un changement de vie, qu'est-ce que la repentance? Est-elle obligatoire? Ensemble, ouvrons la bible.

I. La **Progression dans la repentance**
   1. On a entendu la voix de Dieu. Ro. 10:17
   2. On se reconnaît nu, indigne, perdu. On regrette ses fautes. Lu. 15:19
   3. On est disposé à confesser ses péchés et à les abandonner. Lu. 15:19
   4. On sait qu'on n'a aucun droit à réclamer. Traite-moi comme un mercenaire, dira le prodigue. v. 19
   5. On se lève et on va droit à son père. v. 20

II. **La Provision dans la repentance.**
   1. La justification du pécheur repentant: La plus belle robe pour couvrir sa nudité. Lu.15: 22

2. La réconciliation avec Dieu: «Mets lui un anneau au doigt», dit son père. V. 22
3. La disposition à servir Dieu: «Mets lui des chaussures aux pieds». Le pécheur vraiment repentant porte à ses pieds le zèle que donne l'évangile de paix. Il est dévoué et plein de chaleur spirituelle. Ep. 6:15

III. **La Promotion dans la repentance**
1. Le père se réjouit avec tous. Il fait bombance. v. 23
2. Il met le fils en honneur en le présentant aux invités. "Mon fils que voici était mort (*mort et non en vacance ou en voyage d'étude*) et il est revenu à la vie". V. 24

Dieu sait aussi activer notre repentance en frappant *autrui* par des événements graves (***cyclone, tremblement de terre, incendie***) qui nous portent à réfléchir. Lu.13: 1-5

Conclusion

Remercions Dieu de nous avoir obligés. Ne tardez pas à vous décider. Ce ne sont pas seulement les incrédules qui vont en enfer, mais aussi et surtout ceux qui renvoient au lendemain la bonne décision à prendre aujourd'hui. Venez maintenant.

Questions

1. Comment définir la conversion?
   Un changement de cœur et de vie

2. Comment définir la repentance?
   Un changement d'attitude, de direction après avoir regretté et abandonné ses fautes.

3. Etablissez la progression de la repentance.
   a. On entend la voix de Dieu parler à son cœur
   b. On se reconnaît nu, perdu, désespéré
   c. On se décide à retourner à son père.

4. Quels sont les avantages de la repentance.
   a. La justification du pécheur
   b. La réconciliation avec le père
   c. La préparation au service.

5. Quelle surprise attend le prodigue après sa repentance.
   Le père l'honore et l'intègre à nouveau dans sa société

6. Comment Dieu nous force-t-Il à la repentance? R/ Il frappe d'autres personnes par des événements graves pour nous porter à réfléchir.

Leçon 5
La Repentance

Textes pour la préparation: Es.45: 22; Joël.2: 13; Mt.11: 28; Jn. 3: 16; Ac. 2:29-38; 3:12-21;
Versets à lire en classe: Lu. 13:1-5
Verset à mémoriser: Tournez-vous vers moi, et vous serez sauvés, Vous tous qui êtes aux extrémités de la terre! Car je suis Dieu, et il n'y en a point d'autre. Es.45:22
But: Aider chaque incroyant à reconnaître son état de perdition et son besoin de repentance.
Méthodes: Discussions, questions

Introduction
La repentance est un terme très connu dans le jargon évangélique. Qui peut donc me dire qu'est-ce que la repentance? *(Désignez des élèves à qui vous posez cette question)*
Bien. A présent, laissez-moi vous donner la définition d'un jeune soldat chrétien: "La repentance c'est: Halte! Volteface! En avant!"

I. **Position du pécheur sans Dieu**
   (Ici, le moniteur pourra raconter brièvement l'histoire de l'enfant prodigue ou une autre histoire sur la repentance)
   1. Son amour propre satisfait dans les plaisirs du monde. Lu.15: 13
   2. La décision personnelle de vivre à sa façon loin de son père, en d'autres termes loin des corrections et des restrictions. v. 13

3. Sa vie de vanité, de passions mal dirigées. Là il se croit libre, car il décide de tout sans Dieu. v.13
4. Ses déceptions (*famine, humiliations, désespoir*). Il constate son erreur. v. 14
5. Son retour à la maison du père lui apportera paix, joie et bonheur. C'est là la bonne décision. v. 18

II. **Ce que la repentance n'est pas**
1. Remords, qui conduit au mal. Ex: Judas alla se pendre après sa trahison. C'est un regret stérile qui n'apporte rien de positif. Mt. 27:35
2. Larmes, mortifications. Joël. 2:13

III. **Ce que la repentance est**
1. Une prise de conscience. On regrette son ancienne manière de vivre. On retourne à Dieu. Lu.15: 17
2. Un changement d'attitude de direction
   a. A l'égard de Dieu. Mt.11: 28
   b. A l'égard du péché. Es. 45: 22

IV. **Sa nécessité**
1. Obligatoire: Pour donner au Saint-Esprit le droit de vous diriger. Jn. 16:18
2. Obligatoire: Pour être sauvé de la perdition. Jn. 3:16
3. Obligatoire: Pour le pardon des péchés. Ac. 3:19

Conclusion
Dieu vous attend les bras ouverts. Faites comme l'enfant prodigue. Entrez en vous-mêmes, sentez votre indignité et revenez à Jésus maintenant.

(Ici, le moniteur pourra faire un appel à la conversion)

Questions

1. Qu'est-ce que la repentance?
   Le regret de ses fautes au point de les abandonner.

2. Qui doit se repentir?
   Tous les pécheurs

3. Etablissez la différence entre remords et repentance
   Le remord est le regret qui conduit au mal. La repentance est un regret qui conduit à la vie

4. Qu'arrive-t-il si l'on ne se repent pas?
   On va périr dans son péché.

5. Qui veut accepter Jésus maintenant comme sauveur?

Discussions
1. Je suis converti depuis mon baptême dans l'église catholique.
2. Toutes les religions sont une question d'exploitation. Je n'ai qu'à suivre mon cœur pour être sauvé.

Leçon 6
La Restitution

Textes pour la préparation: Mt. 5: 25; 18: 15-22; Lu.19: 1-10; 18: 14; Jn.21: 5-17; 1Co.6: 4-5; Col.3: 13; 2Co.5: 16-21; Ph.4: 8; 2Ti.3: 16-7; Ja.5: 16
Versets à lire en classe: Mt.18: 15-22
Verset à mémoriser: Confessez donc vos péchés les uns aux autres, et priez les uns pour les autres, afin que vous soyez guéris. La prière fervente du juste a une grande efficace. Jacques.5: 16
But de la leçon: Montrer la nécessité de la réconciliation avec Dieu et le prochain
Méthodes: Discussion, questions

Introduction
Depuis le jour de notre conversion, Christ nous revêt du manteau de sa justice. Il nous dépouille *graduellement* des vices de notre vie passée pour nous permettre de marcher avec Lui. C'est ce qui explique notre confession, notre témoignage et la restitution proprement dite. Essayons de les définir:

I. La confession
Ce qu'elle n'est pas:
Une récitation des fautes commises avant notre conversion.
Une confidence à un tiers des torts causés à un autre. Très souvent nous préférons agir ainsi par orgueil ou par manque de courage de pardonner.

Ce qu'elle est:
C'est l'aveu de ses fautes en toute humilité sans y ajouter une excuse même valable. Si on était malfaiteur, loup-garou, assassin, zenglendo ou chimère, il faut avouer ses torts.

II. Le témoignage
1. On doit dire publiquement ce que Christ a fait dans sa vie. Jn.4 : 29
2. On doit prouver le changement qui s'opère en soi. On doit pour les dire, avoir le même courage qu'on a eu pour les faire. Le public sait déjà. Ils veulent savoir si vous aurez le courage de dénoncer Satan dans votre vie, si vous êtes vraiment converti, avant de pouvoir accepter votre message.

III. La restitution
1. On répare les dégâts causés quel qu'en soit le prix.
2. *(le moniteur pourra demander* à *la classe d'en citer: vol, dette, destruction d'un bien matériel, destruction de la réputation d'autrui. Cependant si vous avez volez le bien d'autrui, il vous faut aller et en faire restitution. Si vous aviez enlevé la virginité à une jeune fille, il vous faudra du courage pour réparer son honneur par un mariage en bonne et due forme).*
3. On négocie la paix avec ses ennemis (*Là on acceptera de prendre les torts sur soi pour donner de l'avantage à la réputation de Jésus-Christ*) Car étant innocent, Il s'est fait coupable pour nous. Mt.5:25; 2Co.5: 21

4. Si vous n'êtes pas en mesure de faire restitution, du moins offrez votre service pour compenser les dégâts matériels causés au prochain. Lu.19: 8

IV. Conséquences de cette attitude.
1. On a la joie d'avoir son âme libérée. Lu.19: 9
2. On a la chance d'être réintégré dans son milieu social. Cependant, si vous voulez cacher ce que tout le monde sait, vous deviendrez un élément méprisable. Lu.18:14

V. Comment y parvenir
1. On prie, on lit sa bible et on va trouver la personne offensée. Ph: 4: 8; 2Ti.3: 16-17
2. On se fait accompagner au besoin d'un témoin ou d'une autorité spirituelle pour faciliter la réconciliation. 1Co.6: 4-5
3. Si c'était vous la victime, vous aurez assurément plus de courage pour dire sans offense à votre bourreau: «Je suis maintenant converti. Voilà pourquoi je viens à vous pour vous pardonner au nom de Jésus et sans condition.» Ce ne sera pas nécessaire de retourner sur les faits passés. Faites comme Jésus. Quand il s'est réconcilié à Pierre, Il n'a pas évoqué son reniement. Jn. 21: 16,17

Résultats:
a. La personne peut vous ridiculiser. Dites «gloire à Dieu»
b. Elle peut accepter la réconciliation. Dites «gloire à Dieu»
c. Elle peut se convertir elle aussi. Dites «Gloire à Dieu»
d. De toute façon vous êtes gagnant et Jésus est champion.

Il vous suffit de faire ce premier pas. Il coûte et il compte.

Conclusion:
Qui perd gagne.

Questions

1. Qu'est-ce que la confession?
   C'est l'aveu des torts faits au prochain

2. Qu'est-ce que le témoignage?
   C'est la déclaration publique de ce que Christ a fait pour vous et en vous

3. Qu'est-ce que la restitution?
   C'est de remettre un bien à son propriétaire dans son état original.

4. Qu'arrive-t-il si on ne peut remettre le bien?
   On doit offrir un service équivalent pour dédommager la victime.

5. Quelles sont les conséquences de la restitution?
   On a la joie d'avoir l'âme libérée.

6. On peut retrouver l'estime de son prochain
   On peut être acceptée à nouveau dans sa société.

7. Quelle méthode employer?
   On prie, on lit sa bible, on va à l'offensée accompagne d'une autorité morale.

8. Doit-on retourner sur les vieilles querelles?
   Non. Faites comme Jésus à l'endroit de Pierre.

9. Quel que soit les résultats que faut-il dire?
   Gloire à Dieu.

Leçon 7
L'endoctrinement

Textes pour la préparation: Ex.20: 3; De.6: 13; 8: 3 Mt.3: 15; 5: 3; 6: 14; 16: 18; 17: 21; 28: 15-17; 28: 19-20; Mc.10; Lu.22: 14-20; Jn.3: 3-16; 5: 39; 6: 56; 16: 13; 20: 23; Ac.1: 11; 1Co.11: 26; Ep.2: 8; 28; Col. 3:13; 2Ti.1: 14
Versets à lire en classe: Mt.4: 1-10
Verset à mémoriser: Jésus répondit: Il est écrit: L'homme ne vivra pas de pain seulement, mais de toute parole qui sort de la bouche de Dieu. Mt.4: 4
But: Encourager les chrétiens à étudier la Parole de Dieu.
Méthodes: Discussion, répétition, questions

Introduction
Dès l'âge de douze ans, Jésus a bien déclaré à Joseph et à Marie qu'il est venu s'occuper des affaires de son Père. Puisqu'il était méconnu, il doit se faire connaître à travers son projet de société. Depuis lors, il ouvre un registre d'inscription pour son école.

I. Inscription. Qualifications
Puisque tous ont péché, tous sont donc qualifiés. Venez à moi vous tous:
1. Les affligés, les frustrés, les fatigués, les chargés. Mt.11: 28
2. Les pécheurs perdus juifs et non juifs. Jn.5: 39
3. Les savants juifs et non juifs. Mt.2: 1-2; Jn.12: 32
4. Les pauvres en esprit. Mt.5: 3
5. Les femmes et les enfants. Mc.10: 14; Lu.7: 36-39

II. Enseignements

1. La vie éternelle par grâce, par la foi Jn.3:16; Ep.2:8
2. La nouvelle naissance, un salut universel. Jn.3: 3-7
3. Le pardon du péché par le sang de l'agneau, le remède universel. Jn.1:29
4. Le baptême au nom du Père, du Fils et du Saint Esprit comme une identification au Christ mort et ressuscité Mt.3: 15; 28: 19-20
5. La cène. Faites ceci en mémoire de moi. Lu. 22:14-20
6. Le pardon des offenses. Mt 6: 14; Col. 3: 13
7. La réconciliation. Mt. 18: 15-17
8. La vie par la parole comme nourriture universelle. Jn.6:56
9. L'Eglise comme le corps de Jésus-Christ. Mt.16: 18; Ep.6: 23
10. La prière et le jeune. Mt. 6: 9; 17: 21
11. La dîme. Mt.22: 21
12. L'autorité des apôtres. Jn.20: 23
13. La sanctification. Mt.5: 48
14. Le message de la mort et de la résurrection de Jésus Christ. 1Co.11: 26
15. L'ascension et le retour visible de Jésus-Christ. 1Co.11: 26; Ac.1: 11
16. L'action permanente du Saint Esprit. Jn.16:13

Jésus nous demande de vivre de toute parole qui sort de la bouche de Dieu. C'est avec cette parole qu'il chasse Satan en lui disant: Arrière de moi, car il est écrit. De. 8: 3; Ex.20: 3; De.6: 13. Paul l'appelle «Le Bon Dépôt» 2Ti.1:14

Conclusion

Bien-aimé, que Christ ne vienne pas vous reprocher pour votre absence à l'Ecole du dimanche, à l'étude biblique, à la classe d'instruction dans les écoles bibliques ou les séminaires théologiques. C'est son école! Venez.

Questions

1. Quel est l'appel de Christ aux pécheurs?
   Venez à moi vous tous.

2. Citez 10 sujets traités dans ses enseignements.
   La foi, la grâce, le pardon, la cène, le baptême, la réconciliation, le Saint Esprit, la mort, la résurrection, le retour de Jésus-Christ.

3. Avec quoi Jésus chasse-t-il Satan? Avec la Parole

4. Y a-t-il une excuse pour ceux qui ne lisent pas la Parole?
   Non.

5. Où aller pour étudier la Parole?
   A l'Ecole du Dimanche, dans l'Etude Biblique, à la classe des catéchumènes, dans les Ecoles Bibliques et les Séminaires Théologiques.

Leçon 8
Le Baptême Evangélique, Une Obligation

Textes pour la préparation: Mt. 3:11-12; 28:19-20; Lu. 7:29-30
Versets à lire en classe: Ac. 8:34-40
Verset à mémoriser: Pierre leur dit: Repentez-vous, et que chacun de vous soit baptisé au nom de Jésus Christ, pour le pardon de vos péchés; et vous recevrez le don du Saint Esprit. Ac. 2:38
But: Etablir la place du baptême dans le salut du croyant
Méthodes: Discussions, questions

Introduction
Pourquoi me faire baptiser puisque le baptême ne sauve pas? Eh bien, la Bible vous répond:

I. **Ce que le baptême évangélique n'est pas.** Mt.3:6-11
   1. Un *sacrement* qui efface le péché originel et qui fait de nous des enfants de Dieu et de l'église.
   2. Un *moyen pour absoudre* les impénitents. La personne est baptisée à chaque péché grave et elle en a jusqu'à sept chances.
   3. *Le baptême de repentance* ou d'initiation qui introduit le ministère de Jean-Baptiste. Le baptême de Jean était un office préparatoire à la nouvelle alliance. Il préparait les juifs à recevoir Jésus comme le Messie. Il favorisait le pardon des péchés mais ne confère pas le don du Saint Esprit. Ac. 2:38

II. Ce qu'il est
1. *Une identification à Christ* dans sa mort et dans sa résurrection. *(Le moniteur explique)*. Ro. 6:4-10
2. *Un engagement d'une bonne conscience (Le moniteur explique)*. On dit «adieu au monde, vive la croix du calvaire! vive le sang de Jésus-Christ. 1Pi. 3:21
3. *L'immersion dans l'eau* au nom du Père, du Fils et du Saint Esprit. Mt. 28: 20

III. Ce qu'il implique
1. *La foi du croyant.* Celui qui croira sera baptisé. Mc. 16:16. Le bébé dans sa couchette ne peut croire. Il ne peut non plus prendre un engagement d'une bonne conscience. Sa conscience n'est pas encore éveillée.
2. *Un ordre formel.* Le refus du baptême vous exclut du plan de Dieu. Lu.7: 30
3. *Le don et la manifestation du Saint Esprit.* Ac. 2:38; 19:6.

IV. La vie du chrétien après le baptême
1. *Une vie nouvelle*, loin du monde et du péché. 2 Co. 5:11
2. *Une vie de service.* Notre vie est consacrée au service du maître suivant nos talents. Ro. 12:1-8

Conclusion
Et maintenant, pourquoi ne pas vous faire baptiser? Venez et manifestez publiquement votre foi dans les eaux du baptême. Car Dieu a besoin de témoins et non de spectateurs.

Questions

1. Donnez deux fausses définitions du baptême.
   Un sacrement pour effacer le péché originel, une méthode d'absolution des péchés.

2. Quelles sont les vraies définitions du baptême?
   Une identification à Christ, un engagement d'une bonne conscience, l'immersion au nom du Père, du Fils et du St Esprit.

3. Qu'est-ce qu'il implique?
   La foi du croyant, un ordre formel, la manifestation du St Esprit.

4. Le baptême nous sauve-t-il?
   Non. Mais c'est une preuve de notre foi, de notre obéissance et de notre identification à Jésus-Christ.

5. Quelle est la preuve du baptême dans la vie du croyant?
   Une nouvelle vie. Une vie de service et de sacrifice.

Leçon 9
La Grâce, Une faveur Immérité De Dieu

Textes pour la préparation: Jn. 20; Ro. 6:21; 10:9; He. 2:3; 12:14
Versets à lire en classe: Ep. 2:1-10
Verset à mémoriser: Car c'est par la grâce que vous êtes sauvés, par le moyen de la foi. Et cela ne vient pas de vous, c'est le don de Dieu. Ce n'est point par les œuvres, afin que personne ne se glorifie. Ep.2:8-9
But: Montrer que Dieu a fait les frais pour notre salut.
Méthodes: Discussions, questions

Introduction
Nous sommes sauvés par grâce, par le moyen de la foi. Qui va nous prouver le contraire? Voici nos questions:

I. **Pourquoi le salut est-il par grâce?**
   1. Le sang des animaux ne peut effacer les péchés. He. 10:4
   2. Nos bonnes œuvres (*les pèlerinages, les aumônes, la persévérance à l'église, notre religion*) ne peuvent détruire en nous le germe du péché. Ep. 2:9; 1Jn. 1:7b
   3. Notre tempérament, nos études, notre éducation, nos efforts personnels ne peuvent nous sauver Ro.3:10-11
   4. Dieu seul a fait les frais pour notre salut. Jn. 3:16
   5. La grâce est une faveur imméritée de Dieu. Sans elle on est perdu pour jamais. He. 2:3

II. **Comment l'obtenir?**
On doit reconnaître:
1. Qu'on est un pécheur perdu. Ro. 6:23
2. Qu'on ne peut pas se sauver soi-même. Ro. 6:23b
3. Que Dieu a tout fait pour nous sauver. Ro. 3:23b
4. Qu'on doit accepter Jésus comme son Sauveur. Jn.20:28

III. **Provisions de cette grâce.** Jn. 14:14; Gal. 4:7
1. Nos péchés sont lavés dans le sang de Jésus. Jn. 1:29
2. On est pécheur réconcilié avec Dieu par Christ. 2Cor. 5:19-20
3. On est réconcilié à soi-même parce qu'on est débarrassé des œuvres mortes d'autrefois. Ro. 13:12
4. On devient héritier de Dieu et cohéritier de Christ. Ro.8: 17
5. Dieu peut exaucer nos prières faites au nom de Jésus. Jn.9: 31

IV. **Preuves de cette grâce en nous.**
Ro. 6:21; 10:9; He. 12:14
Nous avons honte de notre passé. Ro.6:21
Nous renonçons aux œuvres mortes et nous recherchons la sanctification. He.6:1
Nous avons l'envie de témoigner pour Dieu et lui donner gloire. Ro.10:9

Conclusion

Si vraiment vous êtes sauvé par grâce, ayez en vous cette Parole en abondance et accomplissez les œuvres de Dieu.

Questions

1. Qu'est-ce que la grâce?
   Une faveur imméritée de Dieu

2. Combien nous coûte notre salut? Rien.

3. Qui en a fait les frais ? Dieu.

4. Pourquoi obtenons-nous le salut par grâce et non par les œuvres? Donnez au moins 4 raisons.
   Nos bonnes œuvres, notre tempérament, le sang des boucs, notre religion ne peuvent effacer nos péchés.

5. Comment peut-on être sauvé par grâce?
   On doit reconnaître qu'on est pécheur, qu'on est perdu, qu'on ne peut se sauver soi-même et qu'on doit accepter Jésus comme Sauveur.

6. Quels sont les avantages de cette grâce?
   Nous sommes lavés de nos péchés. Nous sommes réconciliés avec Dieu, avec nous-même. Nous devenons héritier de Dieu et cohéritier de Christ.

7. Donnez au moins trois preuves de cette grâce en nous.
   La honte du passé, la renonciation aux œuvres mortes, l'envie de témoigner et de servir Dieu.

Leçon 10
La Foi dans le Salut du Croyant

Textes pour la préparation: Ro.1:17; 10:17; Ep.2:1-10; Heb.11
Versets à lire en classe: Ep. 2:1-10
Verset à mémoriser: Or sans la foi il est impossible de lui être agréable; car il faut que celui qui s'approche de Dieu croie que Dieu existe, et qu'il est le rémunérateur de ceux qui le cherchent. He.11:6
But: Montrer le rôle de la foi dans le salut
Méthodes: Discussions, questions

Introduction
La conversion et la repentance constituent apparemment la contribution de l'homme dans son salut. Il doit changer de vie. Il doit changer de direction, d'attitude. Ce miracle est seulement possible par la foi. Qu'est-ce que la foi?

I. **Définition**
   1. Une ferme assurance des choses qu'on espère; une démonstration de celles qu'on ne voit pas. He.11:1
   2. Un pas dans l'inconnu. On croit dans l'invisible.
   3. Un don de Dieu. Ep. 2: 8
   4.
II. **Son origine**
   1. Elle ne vient pas de la religion, des œuvres, des expériences ou de la connaissance. Ep.2: 9
   2. Elle vient de ce qu'on comprend, de ce qu'on retient de la Parole de Dieu. Ro. 10:17; Ep. 2:8

III. **Sa puissance**. Mc. 9:23; Ep. 2:8; 6:16
1. Un moyen de salut. Ep. 2:8
2. L'arme la plus puissance pour vaincre le malin. Eph.6: 16
3. C'est une monnaie plus forte que le dollar américain ou le yen japonais ou le livre sterling anglais. Avec la foi on peut tout obtenir de Dieu, même l'impossible. Mc. 9:23

IV. **Sa portée**. 2 Ti. 4:7
1. Elle est à notre service jusqu'à la fin de notre course. Mt.14:13
2. Elle ferme la gueule des lions, éteint le feu, met en fuite une armée entière, guérit des malades, et par-dessus tout, sauve le pécheur. He.11: 33-34

V. **Façon de garder et d'augmenter la foi**. Ga. 2:20
1. Mener une vie de prière. 1Th. 5: 17
2. Fuir le péché et les occasions de pécher. He. 12:1
3. Glorifier le Nom de Dieu dans les épreuves au lieu de murmurer. 1 Co 10:10
4. Obéir à Dieu sans comprendre. Ga. 1:16
5. Accepter de Dieu toutes épreuves comme une nouvelle opportunité de le connaître dans une nouvelle dimension.

Questions

1. Qu'est-ce que la foi? Un don de Dieu. Une ferme assurance des choses qu'on espère

2. D'où vient la foi? De la connaissance de la Parole de Dieu

3. Quelle est sa puissance? Elle peut nous sauver et vaincre le malin

4. Quelle est sa portée? Elle nous accompagne jusqu'à la fin de notre course. C'est notre arme de combat contre Satan

5. Comment garder et augmenter la foi?
   Par une vie de jeune et de prière, de service et d'obéissance à Dieu

Leçon 11
Le Jeûne, Une Diète Spirituelle

Textes pour la préparation: Ex. 34:28; 1R.19:8; Ps. 35:13-14; Es. 58; Mt. 4:2; 9:14-15; 17:21; Ac. 13:2
Versets à lire en classe: Mt. 17:14-21
Verset à mémoriser: Mais cette sorte de démon ne sort que par la prière et par le jeûne. Mt.17:21
But: Présenter le jeûne comme une discipline pour la victoire.
Méthodes: Discussions, questions

Introduction
Tous les grands hommes de Dieu savaient jeûner et prier. Moise, Elie passaient 40 jours sans manger. Jésus, le Fils de Dieu n'en était pas exempt. Le jeûne était pour eux tous, une voie de recours. Mais n'avaient-ils pas raison? Voyons le jeûne et ses résultats.

I. **Différentes sortes de jeûnes**
   1. *Jeûne traditionnel.* Les juifs avaient un jour de jeûne observé vers la mi-Septembre. Es. 58:3; Ac. 27:9
   2. *Jeûnes dans un but personnel.* On s'humilie devant Dieu à cause des chagrins de cœur. Ps. 35:13
   3. *Jeûnes dans les cas d'urgence.* Le roi Josaphat publia un jeûne quand les Moabites, les Maonites et les Ammonites vinrent l'assaillir. 2 Ch. 20:1

II. **Conditions du jeûne**
   1. Humiliation et confession devant Dieu. Es. 58:5; Ja. 4:16
   2. Repentance de ses péchés. 2 Ch. 7:14
   3. Miséricorde envers le prochain. Es. 58:3, 7

4. Attitude de louange à Dieu après le jeûne. 2Ch. 20:21-22
5. Point de visage fané ni de publicité pour soi après le jeûne. Mt.6:16

III. Les résultats du jeûne
1. Victoire sur les ennemis. 2 Ch. 20:3, 23. Josaphat vainquit trois ennemis à la fois.
2. Victoire sur les démons. Mt. 4:10; 17:21 Jésus les chassa. Cf. Le lunatique (*malcadi en créole*)
3. Guérison physique et spirituelle. 2Ch.7:14 Délivrance nationale des liens de Satan et de la misère
4. Révélations spéciales de Dieu. Ac. 13:2

Conclusion

Ainsi le jeûne est le secret des grands lutteurs spirituels. C'est un réservoir de puissance. Si vous voulez vaincre vos ennemis et augmenter votre foi, jeûnez et priez.

Questions

1. Définir le jeûne. Rester sans manger ni boire pour un temps volontairement ou involontairement.

2. Citer 3 types de jeûnes que vous connaissez
   Le jeûne traditionnel, le jeûne dans un but personnel, le jeûne dans des cas d'urgence

3. Quelles sont les conditions à remplir pour un jeûne réussi?
   L'humilité, la confession, la repentance, la miséricorde envers le prochain, la louange à Dieu.

4. Que peut-on espérer après un jeûne?
   Une réponse de Dieu

5. Doit-on avoir le visage fané pour jeûner? Non

6. Doit-on faire parler de soi après le jeûne? Non

Leçon 12
La prière

Textes pour la préparation: Ps. 70; Mt.6: 9-15; Lu.18: 11-14; 22: 44- 46; Ja.1: 5-7; Ph.4: 6-8; 1Th.5: 17
Versets à lire en classe: Lu. 18: 1-8
Verset à mémoriser: Priez sans cesse. 1Th.5: 17
But: Présenter la prière comme une source de grâce divine.
Méthodes: Témoignages, questions

Introduction
Pourquoi prier si Dieu ne répond pas. En vérité, je veux savoir comment prier pour que Dieu me réponde.

I. **Définitions de la prière.**
   A. *Ce qu'elle n'est pas:*
   1. Une litanie ou vaine redite. Mt.6:7
   2. Une récitation machinale des prières écrites ou le cœur n'est pas.
   3. Un formalisme religieux avec des gestes ou des signes pour être vu.

   B. *Ce qu'elle est :*
   1. La respiration de l'âme. On invite Dieu à entrer dans le fond de son cœur.
   2. Une communion unidirectionnelle avec Dieu. Pas de saint patron comme médiateur.
   3. Un télégramme à Dieu dans des cas d'urgence. Ps.70
   4. Une supplication où l'on répand sa plainte de Dieu. Lu.18: 1-8
   5. Un garde-fou contre la tentation. Lu.22:46

III. **Conditions d'exaucement à la prière.**
1. Prière au nom de Jésus. Jésus nous enseigne à prier «**Notre Père**…» Quand vous priez, il prie aussi parce que sa signature est obligatoire pour valider notre prière devant son Père. Mt. 6:9
2. Prière avec humilité. Lu. 18:11-14
3. Prière avec un esprit de pardon. Mt.6:14-15
4. Prière avec un cœur pur. Mt.5:8
5. Prière avec persévérance. Lu.18:1-8
6. Prière avec foi. Ja.1:5-7
7. Prière avec actions de grâces. Ph.4: 6-7
8. Prière avec angoisse dans le cœur. Lu.22:44

IV. **Quand Dieu ne répond pas.**
1. Si la demande est faite dans un but charnel. Ja.4: 3
2. Si son nom ne sera pas glorifié. Mt.6:13
3. S'il n'y a pas de confession sincère des péchés commis.
4. Sachez que répondre aux prières est le devoir même de Dieu. C'est l'un des moyens de le rendre populaire. Si nous vivons dans le péché, nous empêchons à Dieu de remplir son devoir.

Conclusion
Sachez que «prier sans cesse» c'est mettre Dieu au courant de tout ce que nous faisons. Prions donc sans cesse.

Questions

1. Qu'est-ce que la prière?
   Une communication avec Dieu

2. Qu'est-ce que la litanie?
   Une vaine redite

3. Que faire pour que Dieu exauce notre prière?
   a. Prière au nom de Jésus,
   b. Prière avec un esprit de pardon
   c. Prière avec un cœur pur
   d. Prière avec persévérance
   e. Prière avec foi
   f. Prière avec action de grâce
   g. Prière avec angoisse dans le cœur

4. Quand Dieu ne répond-il pas?
   a. Quand la demande est charnelle
   b. Quand son nom ne sera pas glorifié
   c. Quand les péchés ne sont pas confessés

Récapitulation Des Versets.

| Leçons | Sujets | Versets |

1. **Le Péché, Cause De Notre Perdition** Ro. 6:8
   Or, si nous sommes morts avec Christ, nous croyons que nous vivrons aussi avec lui

2. **La Conversion** Lu 15:18
   Je me lèverai, j'irai vers mon père, et je lui dirai: Mon père, j'ai péché contre le ciel et contre toi.

3. **Conversion (suite)** Jn.5:38
   Et sa parole ne demeure point en vous, parce que vous ne croyez pas à celui qu'il a envoyé.

4. **La Repentance, Une Obligation** Ac. 2:38
   Pierre leur dit: Repentez-vous, et que chacun de vous soit baptisé au nom de Jésus-Christ, pour le pardon de vos péchés; et vous recevrez le don du Saint-Esprit.

5. **La Repentance** Es. 45:22
   Tournez-vous vers moi et vous serez sauvés, vous tous qui êtes aux extrémités de la terre! Car je suis Dieu, et il n'y en a point d'autre.

6. **La restitution** Ja. 5:16
   Confessez vos péchés les uns aux autres et priez les uns pour les autres afin que vous soyez guéris.

7. **L'endoctrinement** Mt.11: 29
   Prenez mon joug sur vous et recevez mes instructions, car je suis doux et humble de cœur; et vous trouverez du repos pour vos âmes.

8. **Le Baptême Evangélique, Une Obligation** Ac. 2:38
   Repentez –vous et que chacun de vous soit baptisé au nom de Jésus-Christ pour le pardon de vos péchées et vous recevrez le don du Saint Esprit

9. **La Grâce, Une faveur Immérité De Dieu** Ep. 2:8-9 *Car c'est par la grâce que vous êtes sauvés, par le moyen de la foi. Et cela ne vient pas de vous, c'est le don de Dieu. Ce n'est point par les œuvres, afin que personne ne se glorifie.*

10. **La Foi dans le Salut du Croyant** He. 11:6
    Or sans la foi il est impossible de lui être agréable; car il faut que celui qui s'approche de Dieu croie que Dieu existe, et qu'il est le rémunérateur de ceux qui le cherchent.

11. **Le Jeûne, Une Diète Spirituelle** Mt. 17:21
    Mais cette sorte de démon ne sort que par la prière et par le jeûne

12. **La prière** 1Th. 5:17
    Priez sans cesse

SERIE 4-

La Marche Dans Le Désert

Avant-propos

Cette série de leçons décrit la vie du peuple d'Israël depuis sa sortie d'Egypte jusqu' à son établissement dans la Terre Promise. Elle nous donne une image frappante de la vie du chrétien dans ses expériences heureuses et malheureuses en vertu de sa relation avec Dieu. Le moniteur trouvera maintes occasions pour attirer l'attention des élèves sur le comportement d'Israël face aux nouvelles situations à l'influence desquelles Dieu n'avait pas manqué de le soumettre. Et maintenant, la table est servie!

Pasteur Renaut Pierre-Louis

Leçon 1
Les Premiers Pas

Textes pour la préparation: Ge.3:2, 6, 17, 23; No.20:8-11; 1R.19: 4,18 ; 2R.2:11; Lu.19:10; Jn.8:29; 3:35; Ac.7:23, 30; Ro.3:23; 6:23; Ep.2:8; 1Jn.1:7; Jud. 24
Versets à lire en classe : Jn.8:28-29
Verset à mémoriser: Celui qui m'a envoyé est avec moi; il ne m'a pas laissé seul, parce que je fais toujours ce qui lui est agréable. Jn.8:29
But: Montrer que le succès ou la défaite dans la vie dépend de la relation avec Dieu.
Méthodes: histoires, comparaisons, questions

Introduction
Le premier geste notoire dans la vie d'un homme établit sa renommée. C'est donc sans parti pris, ni méchanceté que nous allons en citer des exemples?

I. **Des hommes qui ont débuté avec un faux pas.**
   1. **Adam:** Il a désobéi à un ordre de Dieu. Ge.3:2, 6
      Résultats:
      a. Dieu chassa l'homme du paradis terrestre. Ge.3:23
      b. La mort s'étend sur tous les hommes. Ro.3:23; 6:23
      c. La terre est maudite à cause du péché Ge.3:17
      d. Jésus, le second Adam est venu pour réparer ce faux pas. Lu.19:10
   2. **Moise**
      Premier faux pas: Après un cycle de quarante ans d'étude, il tua à main libre un égyptien, et ne

savait comment l'enterrer. Il était obligé de prendre la fuite. Ex.2:14-15.

Résultat de son crime:
a. Quarante ans d'étude à l'école de l'Eternel pour apprendre comment réduire l'armée de pharaon et libérer les hébreux. Ps.136: 15; Ac.7:23, 30
b. *Deuxième faux pas*: Il frappa à deux fois un rocher auquel Dieu avait dit de parler.
Résultat de sa colère:
Moise fut interdit d'entrer dans la Terre Promise. Il fut remplacé par Josué, fils de Nun. No.20:8, 11
3. **Elie le prophète**:
Il fit un faux pas: Il démissionna parce que Dieu n'avait pas tué Jézabel qui l'insulta. 1R. 19: 4,18
Résultat de son orgueil spirituel
Dieu accepta sa démission et l'enleva ensuite. Son serviteur Elisée devint son successeur 2R.2:11

II. **Un homme qui n'a pas commis de faux pas: Jésus:**
1. Il a été comme nous tenté en toutes choses sans commettre de péché. Jn. 8:46; 14:30; Hé.4:15
2. Sur la croix, il a refusé de se sauver lui-même à cause de vous et de moi. Lu.23:39
Résultats de son obéissance.
1. Nous sommes sauvés par grâce, par le moyen de la foi. Ep.2:8

2. Il nous préserve de tout mal et nous donne la vie éternelle. Jud. 24
3. Ainsi il a réparé les erreurs d'Adam en nous purifiant de tout péché. 1Jn.1:7
4. Dieu l'a souverainement élevé et lui a donné le nom qui est au-dessus de tout nom. Ph.2: 9
5. Tous genoux doivent fléchir dans les cieux, sur la terre et sous la terre au nom de Jésus. Tous les habitants de la planète doivent le reconnaître comme le seul souverain à la gloire du Dieu le Père. Ph.2:9-11

Ces gens-là ont tous un point commun: ils ont péché parce qu'ils avaient voulu affirmer leur capacité sans l'aide de Dieu, tandis que Jésus fait toujours ce qui lui est agréable. Jn.8:29 C'est pourquoi le Père l'aime et a remis toutes choses entre ses mains. Jn.3:35

Conclusion
Avec quel pas allez-vous commencer la nouvelle année, votre carrière, votre vie au foyer…? Comptez sur Jésus et Jésus seul.

Questions

1. Quelle était la faute d'Adam? Désobéissance.

2. Quel en fut le résultat?
   La condamnation pour tous les hommes.

3. Quelle était la faute de Moise?
   Une décision prise avec colère.

4. Quel en fut le résultat?
   Dieu lui interdit l'entrée dans la Terre Promise.

5. Quelle était la faute d'Elie? Croire qu'il est trop important.

6. Quel en fut le résultat?
   Sa révocation et son remplacement par Elisée

7. Quelle était l'attitude de Jésus?
   Tenté sans commettre de péché.

8. Comment commencer pour bien finir? Avec Jésus seul.

Leçon 2
La Sortie D'Egypte Ou La Conversion Du Pécheur

Textes pour la préparation: Ex. Chap. 3, 5, 13, 14
Versets à lire en classe: Ex.14: 13-18
Verset à mémoriser: Moïse répondit au peuple: Ne craignez rien, restez en place, et regardez la délivrance que l'Éternel va vous accorder en ce jour; car les Égyptiens que vous voyez aujourd'hui, vous ne les verrez plus jamais. Ex.14: 13
But: Représenter l'Egypte comme l'esclavage du péché dans lequel Christ nous a tirés.
Méthodes: Histoire, vidéo, questions

Introduction
L'heure de la délivrance pour les captifs a sonné. Mais à quel prix?

I. **Preuves d'esclavage**:
   430 ans de servitude sous la main du Pharaon d'Egypte Ex.12:4
   1. *Esclavage physique*: Les Hébreux faisaient la corvée dans la confection des briques destinées aux grandes constructions de Pharaon. Ex.5:7
   2. *Esclavage moral*: Pharaon les taxait de paresseux parce qu'ils avaient voulu avoir un répit pour aller adorer Dieu à leur façon. Ex.5:17
   3. *Esclavage spirituel*: ils étaient obligés d'adopter le dieu de leur dominateur parce qu'ils n'avaient aucune connaissance du vrai Dieu. Jo.24:14

II. **Epreuves pour sortir de cet esclavage.**
1. Le coup manqué de Moise: Il a voulu libérer le peuple par le meurtre d'un égyptien. Il a dû s'enfuir pour sauver sa peau. Ex.2:14-15
2. Il passa quarante ans dans le désert. Là, il rencontra l'Eternel qui l'envoya en Egypte pour affronter Pharaon. Là, il réunit les anciens d'Israël pour leur donner une démonstration de sa mission divine.

Mais quels en furent les résultats?
1. Ils crurent en Moise. Ex.4:29-31
2. Pharaon s'endurcit et rendit l'esclavage plus atroce pour Israël. Ex.5:9-11
3. L'Eternel frappa l'Egypte de dix plaies dont la plus accablante fut la mort des premiers-nés.
4. Alors, le cœur de Pharaon s'ébranla. Ex.12:31-32
5. Le peuple d'Israël traversa la Mer Rouge à pied sec sous la puissante main de Dieu. Ex.14:21
6. Dieu engloutit Pharaon et son armée dans la Mer Rouge. Ex.14: 24-25

III *Conséquences*: **Le peuple crut en Dieu et en Moise.** Ex.14: 31

Application : (*Moniteur: demandez aux élèves de faire la comparaison entre l'Egypte et la vie en Christ*)
(*Personnification : l'Egypte c'est le monde ; Pharaon c'est Satan; Moise, le libérateur d'Israël; la Mer Rouge, le passage de la mort à la vie; l'agneau: Jésus-Christ*)

Conclusion

Et maintenant, il n'est plus question de retourner en Egypte. Croyez en Dieu, servez-le et louez-le pour ses bienfaits.

Questions

1. Combien de temps le peuple d'Israël a-t-il passé en esclavage ? 430ans

2. Qui avait voulu le sauver? Moise

3. Quelle était son erreur?
   Croire qu'il pouvait délivrer le peuple par sa propre force.

4. Par quoi l'Egypte fut il frappé? Par 10 plaies

5. Laquelle avait fléchi Pharaon?
   La mort des premiers-nés

6. Par quoi Dieu a-t-il délivré le peuple?
   Par le sang de l'agneau

7. Que représente l'agneau? Jésus.

8. Que représente: L'Egypte ? Le monde.

9. Que représente Pharaon? Satan.

10. Que représente Moise? Le libérateur d'Israël

Leçon 3
Le Repas Pascal Ou La Rédemption Du Pécheur

Textes pour la préparation: Ex. 11:7; chap.12; Act.16:31

Versets à lire en classe: Ex.12:1-13

Verset à mémoriser: Le sang vous servira de signe sur les maisons où vous serez; je verrai le sang, et je passerai par-dessus vous, et il n'y aura point de plaie qui vous détruise, quand je frapperai le pays d'Égypte. Ex.12:13

But: Présenter le salut par l'Agneau immolé

Méthodes: Histoire, comparaisons, questions

Introduction
Les démarches de l'homme sont bonnes; mais d'où peut venir la délivrance?

I. **Moyens préliminaires qui n'ont pas pu délivrer:**

Les 10 plaies d'Egypte: l'eau changée en sang, les grenouilles, les poux, les mouches venimeuses, la mortalité des troupeaux, les ulcères, la grêle, les sauterelles, les ténèbres, la mort des premiers-nés.

Pharaon n'a pas cédé parce qu'il a cru que d'innombrables dieux hantaient les cieux, la terre et les abîmes. Il était irrité parce que ces 10 plaies frappaient non seulement les égyptiens mais *le prestige* de leurs dieux. Ex.12:12 Cependant les hébreux qui vivaient dans le même lieu n'étaient pas frappés. Ex 11:7

II. **Moyen exceptionnel qui délivre: l'action de l'agneau:**
1. Israël devait manger un agneau par famille, signe du salut personnel et de l'unité spirituelle dans la famille cf. Ac.16:31 ; ex.12:3
2. Le sang de l'agneau doit marquer la maison de chaque enfant de Dieu. Le sang est ici la signature de Dieu sur son enfant et une consigne car seuls les enfants d'Israël le connaissaient et le portaient v.5, 13
3. L'agneau rôti au feu symbolise le sacrifice parfait de Jésus pour nous. v.9
4. Accepter de manger ce sacrifice c'est accepter la vie que Dieu offre.
5. Le pain sans levain évoque l'adoration et le service à Dieu sans fausseté et l'herbe amère donne l'idée de notre association à Christ dans ses souffrances. v.12:20

Au cours de son histoire, Dieu demandera à Israël d'observer la Paque comme une obligation sous peine de mort. No.9: 13

Le chrétien est marqué par le sceau invisible de Dieu, le sang de Jésus-Christ appliqué dans notre vie par la foi. Il nous distingue du monde et nous préserve de la malédiction qui frappe le monde. 2Co.1 :21

Conclusion
Malheur à vous si vous ne participez pas à la sainte cène!

Questions

1. Quels furent les moyens préliminaires déployés pour sauver Israël? Les 10 plaies d'Egypte.

2. Citez-les:
   Les eaux du Nil changées en sang, les grenouilles, les poux, les mouches venimeuses, la mortalité des troupeaux, les ulcères, la grêle, les sauterelles, les ténèbres, la mort des premiers-nés.

3. Par quel moyen le peuple fut il délivré?
   Par le sang de l'agneau.

4. Que représente le sang au linteau des portes?
   La signature de Dieu sur son enfant.

5. Que veut dire l'herbe amère?
   Notre participation aux souffrances de Christ.

6. Pourquoi l'agneau fut il rôti au feu?
   Pour symboliser le sacrifice parfait de Jésus pour nous sauver.

7. Que veut-on signifier en acceptant ce sacrifice?
   Que l'on reçoit la vie de Dieu en soi.

Leçon 4
L'Oasis Dans Le Désert Ou L'abondance De La Grâce

Textes pour la préparation: Ex 17:1-7; 15:22-17; Nob.20:1-13; 1Cor.10:4
Versets à lire en classe: Ex.17:1-7
Verset à mémoriser: Voici, je me tiendrai devant toi sur le rocher d'Horeb; tu frapperas le rocher, et il en sortira de l'eau, et le peuple boira. Et Moïse fit ainsi, aux yeux des anciens d'Israël. Ex.17:6
But: Présenter Jésus comme la source d'eau vive.
Méthodes: Histoire, comparaisons, questions

Introduction
Les enfants d'Israël meurent de soif. Dans leur angoisse, ils menacent la vie de Moise. Le sang de Moise peut-il étancher cette soif? Allons aux eaux de Mara.

I. **Aux Eaux De Mara** Ex.15: 26
Ils firent pression sur Moise. Moise cria à l'Eternel et l'Eternel lui indiqua un bois qu'il jeta dans l'eau. Et l'eau devint douce.
Application: Au début de notre conversion, Dieu nous envoie graduellement des épreuves pour nous apprendre à compter sur lui. Le bois jeté dans l'eau est l'image de la croix de Christ. Dès que nous l'acceptons dans notre vie, elle a la vertu de changer nos peines en joie. Dieu se fait connaître à nous et dès lors, il commence à nous imposer ses conditions. v.26

II. Au Rocher d'Horeb Ex.17: 5-7
1. Le peuple menaça la vie de Moise. v. 2, 4
2. L'Eternel était obligé de descendre lui-même: Il demanda à Moise de se faire accompagner d'une délégation d'anciens pour venir à sa rencontre à Horeb. Dieu se tenait debout sur le rocher d'Horeb, tandis qu'il ordonna à Moise de **frapper ce rocher** avec sa verge.
3. L'eau jaillit en abondance à la satisfaction du peuple v.6

Application: ce rocher frappé pour le peuple est l'image de Jésus frappé et qui fait couler d'abondantes grâces en notre faveur. La Nouvelle Alliance est ici annoncée. 1Co.10:4

III. Au Rocher De Kadès-Meriba No. 20:2-13
1. Le peuple est déchaîné. Moise et Aaron son frère, allèrent à la tente d'assignation v.6 (*Lieu de rendez-vous de Dieu avec Moise et le peuple cf Ex.29:42-44*)
2. Cette fois-ci, Dieu ne lui demande pas de faire venir des anciens ni l'assemblée non plus. Il lui dit tout simplement de **parler au rocher** qui donnera ses eaux:
3. Cela a suffi à Moise pour décider sans Dieu. Dans sa colère, il frappa deux fois le rocher et l'eau jaillit en abondance. v.11
4. Dieu a décidé de le révoquer ainsi que son frère Aaron pour cet écart de conduite. No.20:12, 24

Applications:
1. L'homme n'a aucun droit de vouloir modifier le plan de Dieu.
2. La verge de nos diplômes, de nos talents, l'étendue de notre renommée, de notre autorité

ou de nos richesses, toutes ces verges ne nous autorisent pas à décider pour Dieu.
3. L'attitude équivoque des chrétiens, surtout dans les réunions d'affaires, peut compromettre la relation du pasteur avec Dieu.
4. Souvent, l'assistance des anciens de l'église aide le pasteur à être plus lucide dans ses décisions et à contrôler ses émotions. Nous sommes des hommes avant tout.

Conclusion

La leçon de Moïse suffit. Allons bon pas, chrétiens!

Questions

1. Quelle était l'expérience difficile d'Israël dans le désert?
   La soif.

2. Que fit Moïse à Mara?
   Il jeta le bois dans l'eau amère qui devint douce.

3. Que fit le peuple à Horeb ?
   Il menaça la vie de Moïse.

4. Que fit l'Eternel?
   Il demanda à Moïse de frapper le rocher.

5. Que fit Moïse à Kadès-Meriba?
   Il frappa le rocher.

6. Quel était le verdict de Dieu?
   Il ne fera point entrer le peuple dans la Terre Promise.

Leçon 5
La Manne Dans Le Désert Ou Jésus Le Pain De Vie

Textes pour la préparation: Ex. Chap 16; Jo.5: 12; 1R.17: 1-6; Jn.chap.6; Ro.3: 23; Ga 2:20
Versets à lire en classe: Jn.6:48-58
Verset à mémoriser: Je suis le pain vivant qui est descendu du ciel. Si quelqu'un mange de ce pain, il vivra éternellement; et le pain que je donnerai, c'est ma chair, que je donnerai pour la vie du monde. Jn.6:51
But: Présenter Jésus comme le pain vivant descendu du ciel.
Méthodes: Histoire, comparaisons, questions

Introduction
Le problème de l'eau était un. Mais comment nourrir des millions dans un désert? Eternel, ouvrez vos magasins!...Chut! Voilà! Il donne la manne! Mangeons!

I. **La manne**
   A. Origine: Dans le ciel. Dans les magasins de Dieu. Jn.6:31; Ja.1:17
   B. Sa consistance: le peuple la mange pendant quarante ans sans connaître de déficience physique.
   Ex.16:12-13, 35; De.29:5
   1. Elle avait le goût d'un sandwich normal: du pain et de la viande. cf. Ex.16:12
   2. La ration était quotidienne. Ex.16:21 Mais le sixième jour, Dieu leur en envoie le double car la manne ne tombera pas le jour du Sabbat.
   Ex.16 :.22-24, 27

3. Une portion est conservée devant le témoignage pendant quarante ans v.33
4. Dès son arrivée dans la Terre Promise, la manne cessa Jo.5:12

A. **Sa réapparition**
Dans l'Ancien Testament: Dieu envoie des corbeaux pour porter de la viande et du pain à Elie deux fois par jour. 1R.17: 4,6
Dans le Nouveau Testament: Jésus a multiplié les cinq pains et les deux poissons, encore du pain et de la viande, *à partir de ses réserves*.
Ps.31:20; Jn.6: 9-10; Col.1:5

B. **Jésus, le pain de vie**
1. La manne était donnée à un peuple pendant quarante ans; Jésus s'est donné au monde entier pour le temps et pour toute l'éternité. Jn.6:51
2. Vous avez faim après avoir mangé la manne; Jésus est le vrai Pain de vie; celui qui en mange a la vie éternelle. Ce pain c'est sa Parole; Il l'appelle Esprit et Vie. Quand vous mangez ce pain, il entre dans tout votre système; dans votre cerveau, dans vos membres, dans toutes vos facultés, dans votre cœur. Cf. Jn.6: 56, 63; Ga.2:20
3. Jésus est le Pain vivant qui donne la vie aux hommes Jn.6:51. Car le premier Adam a communiqué la mort. Jésus, le second Adam, donne la vie. Ro.3:23; Jn.1:4

Commentaire

1. La manne vient d'un mot hébreu qui veut dire "**Qu'est–ce-que c'est?**
2. L'évangile, est la Bonne Nouvelle. L'homme d'aujourd'hui pose la même question: "**Qu'est-ce-que c'est?**
3. Jean dit: En elle était la vie et la vie était la lumière des hommes. Jn.1:4

Conclusion

Vous êtes ce que vous mangez. Si vous mangez la Parole de Dieu, vous avez Dieu en vous. Allez-y!

Questions

1. Que mangeait le peuple dans le désert? La manne.

2. Quand la manne a-t-elle cessé?
Dès son entrée à Canaan, dans la Terre Promise.

3. Où Dieu a-t-il trouvé cette nourriture?
Dans les magasins du ciel.

4. Quelle saveur avait-elle?
Celle d'un sandwich normal. Du pain et de la viande

5. Quel prophète dans l'Ancien Testament eut le privilège d'en manger? Elie.

6. Que dit Jésus de lui- même parlant de la manne?
Il est le vrai pain descendu du ciel.

7. Que fait sa Parole en nous?
Il entre dans tout notre système et nous domine.

8. Que veut dire manne? «Qu'est-ce que c'est?»

9. Que veut dire Evangile? Bonne Nouvelle.

Leçon 6
Amalek Ou La Lutte Contre Le Malin

Textes pour la préparation: Ex.17:8-16 ; De.25:17-19; Mt.17:1; Col.3:13
Versets à lire en classe; Ex.17:8-16
Verset à mémoriser: Il dit: Parce que la main a été levée sur le trône de l'Éternel, il y aura guerre de l'Éternel contre Amalek, de génération en génération. Ex.17: 16
But: Montrer la nécessité d'avoir des compagnons de prière surtout dans les moments d'épreuves.
Méthodes: Discours, comparaisons, questions

Introduction
Le problème de la soif une fois résolu, voici le peuple d'Israël subitement en face d'un ennemi agressif: Amalek. Il vint le provoquer en bataille. Que faire?

I. Stratégie d'Amalek
   Attaquer Israël dans ses points faibles.
   1. Ceux qui traînaient par derrière, ceux qui étaient découragés.
   2. Ceux qui étaient fatigués, négligents, indifférents De.25: 17-18
II. Stratégie de Moise
   Il ordonna à Josué de recruter des hommes pour aller et combattre Amalek. Ex.17 :.9
   1. Moise se tiendra sur la colline, la verge de Dieu en main. Ex.17 :9
   2. Quand il baissait sa main, Amalek était le plus fort. Ex.17: 11
   3. Il fit appel à Aaron et Hur pour le seconder jusqu'au coucher du soleil.

4. Résultat: le drapeau de la victoire flottait dans le camp d'Israël. Ex.17 :12.

III. Décision de l'Eternel
Il demande à Moise de dresser le procès-verbal de cette bataille v.14
1. Il prononce son verdict contre Amalek: son bannissement sous les cieux. En d'autres termes, il veut ignorer les Amalécites comme peuple. V.14
2. Dieu prendra Amalek pour ennemi de génération en génération. Ex.17 :15
3. Moise hissa le drapeau des vainqueurs avec cet emblème: Jehovah-Nissi: l'Eternel ma bannière. V.15

IV. Amalek Dans La Vie Chrétienne:
Nos péchés mignons: péchés que nous défendons avec des raisonnements faux. Péchés auxquels nous donnons un surnom:
1. L'orgueil sera appelé *personnalité*; le gaspillage, *générosité*; l'avarice c'est la *prudence* dans les dépenses; un gifle à quelqu'un sera appelé *légitime défense*; la médisance sera appelée *information*.
2. C'est mon tempérament; je ne suis pas le seul à être comme ça.
3. Pourquoi me parler de cela, allez de préférence exhorter untel; vous vous mêlez des affaires d'autrui. Ne me parlez jamais de cela!

Amalek est Satan qui nous surprend de façon inattendue. Quand?
1. A la veille du service de la sainte cène.
   Au moment où nous sommes en pleine joie.
2. Au moment où nous ne sommes pas prêts à prier.
3. Il entre dans quelqu'un qui sait exactement ce qu'il faut faire pour nous désarmer, pour nous mettre en colère, ou nous attrister.

V. Comment le vaincre:
1. Avoir comme Jésus, des compagnons de jeûne et de prière. Mt.17:1
2. Avoir comme Moise, des conseillers pour nous supporter. Ex.17:12
3. Reconnaître nos limitations. Et ne nous croyons pas trop fort pour refuser l'aide d'un Hur, d'un Aaron, d'un chrétien... Col.3:13

Conclusion
Amalek est à vos portes maintenant. Appelez au secours!

Questions

1. Qui est Amalek? Satan, notre péché mignon

2. Qui est Israël? Le peuple de Dieu

3. Comment combattre Amalek ?
   Par le jeûne et la prière

4. Que fit Moise?
   Il appela Aaron et Hur à son secours

5. Que fit Jésus?
   Il avait ses compagnons de jeûne et de prière.

6. Que fit l'Eternel?
   Il se déclare ennemi juré d' Amalek à cause d'Israël.

Leçon 7
Sinaï Et Golgotha

Textes pour la préparation: Ex. chap. 19 et 20; Mt. 11:28; Jn. 1:17; Jn. 12:32; Ro. 6:4; 8:1; Ep. 2:8; He. 4:16; 12; 29

Versets à lire en classe: Ex. 20:18-23

Verset à mémoriser: maintenant, si vous écoutez ma voix, et si vous gardez mon alliance, vous m'appartiendrez entre tous les peuples, car toute la terre est à moi. Ex.19:5

But: Présenter les différents aspects d'une conférence avec Dieu.

Méthodes: Histoires, comparaisons, questions

Introduction

Israël va maintenant faire une connaissance personnelle de Dieu au Mont Sinaï. Qui peut en prédire les résultats?

I. **Protocole d'usage**: Ex.chap.19
   1. Moise monta vers Dieu sur le Sinaï. Dieu lui donne un message pour le peuple.
   2. Moise descendit de la montagne et communiqua le message aux anciens et au peuple qui l'acceptèrent. x.19: 3-8
   3. Le peuple a un délai de trois jours pour se sanctifier avant le rendez-vous avec Dieu.
      a. Il ne doit pas toucher à la montagne sous peine de mort. Ex.19 :12
      b. Il doit s'habiller correctement Ex.19 :14
      c. Il doit s'abstenir de faire sexe pendant trois jours. Ex.19 :13, 15

II. Rencontre avec Dieu: Ex .chap.19
1. Le troisième jour au matin, Dieu envoya des éclairs et des coups de tonnerre au milieu d'une épaisse nuée. Israël sonna de la trompette. Ex.19 :16
2. Moise plaça le peuple au bas de la montagne pour sa rencontre avec Dieu. Ex.19 :17
3. L'Eternel descendit au milieu du feu. La montagne tremblait avec violence. Ex.19 :18
4. Israël emboucha la trompette, Moise parlait et Dieu lui répondit à haute voix. Ex.19 :19
5. Dieu l'invita à le rencontrer sur la montagne. Ex.19 :.20

III. Les dix commandements et leurs effets sur le peuple Exode 20
Le peuple les écouta en tremblant Ex.20:18
1. Il demanda à Moise de leur épargner une semblable expérience et d'être désormais leur interprète auprès de Dieu. Ex.20 :19
2. Moise les tranquillisa en leur faisant savoir le but de cette grande première. Ex.20 :20

IV. Le Mont Golgotha pour le chrétien.
1. Nous nous approchons de Christ sans crainte. Mt. 11: 28; Il nous attire à lui. Jn.12:32
2. Dieu veut que tous soient sauvés par la vérité. 1Ti.2:3-4
3. Nous devons nous revêtir de Jésus-Christ pour nous approcher de Dieu. Ro.13:14

4. La loi nous met devant nos péchés pour nous punir; la grâce nous met devant Jésus pour nous délivrer du péché et nous bénir. Ro.6:4; Ep.2:8; Hé.4:16
5. Ainsi Moise a fait Sinaï, Jésus a fait Golgotha.
6. La loi a été donnée par Moise; la grâce et la vérité sont venues par Jésus-Christ. Jn.1:17
7. Point de condamnation pour le chrétien Ro.8:1.
8. Les choses anciennes sont passées 2Cor.5:17

Conclusion

Si maintenant nous pouvons nous approcher de Dieu sans peur, sachez aussi qu'il est un feu dévorant pour punir les rebelles Heb.12:29

Questions

1. Où Dieu se tenait-Il quand Il donnait La Loi à Israël ?
   Sur le mont Sinaï

2. Quelles furent les précautions que devaient prendre les enfants d'Israël?   Le peuple doit se sanctifier.

3. Comment Dieu s'est-il présenté?
   Au milieu du feu et des tonnerres.

4. Quelle a été la demande du peuple à Moise?
   D'être désormais leur interprète auprès de Dieu

5. Où le chrétien a-t-il fait ses premières expériences?
   A Golgotha.

6. Quel est le but de la loi?
   Nous condamner pour nos péchés

7. Quel est le but de la grâce?
   Nous délivrer de tout péché.

Leçon 8
Sabbat Et Dimanche

Textes pour la préparation: Ex.16: 29; 20: 4; 31: 13,16-17; 35: 2-3; No. 15: 32-36; De.5: 15; Né.10: 31-32; Es.56: 2; Jér.17: 21-22; Lam.2: 6; Osé.2: 13; Mt.28: 20; Ac.2: 1; 20: 7; 1Co.16: 2; Ga.4: 10; Col.2: 16; Hé.4: 4,9
Versets à lire en classe: De. 5: 11-15
Verset à mémoriser: Puis il leur dit: Le sabbat a été fait pour l'homme, et non l'homme pour le sabbat. Mc. 2:27
But: Montrer que le Sabbat Institution vétérotestamentaire et le Dimanche le jour du Seigneur, les deux n'ont rien à voir avec notre salut.
Méthodes: Histoire, comparaisons, questions

Introduction
Entre le Sabbat et le Dimanche où placer la croix du calvaire? Voilà le nœud gordien à trancher.

I. **Sabbat: définition: cessation, repos:**
   1. Il est une institution de Dieu donnée à Israël après sa sortie d'Egypte. Ex.20: 2, 8
   2. Il l'inclut dans le Décalogue et le sanctifia. Ex.16:29; De.5:15. Israël travaillera six jours mais le septième jour, il doit se reposer.
   3. C'est un signe particulier de l'alliance perpétuelle conclue entre Dieu et Israël. Ex.31: 13, 16-17
   4. Par contre il lui est interdit:
      a. De cuisiner le jour du sabbat. Ex.35:2-3
      b. De faire tout ouvrage sous peine de mort. No.15:32-36; Je.17:21-22

  c. De faire le commerce sous toutes ses formes. Ne. 10: 31-32
5. Dieu bénit Israël pour son observance. Es.56:2

IV. **Le Sabbat et la Nouvelle Alliance**:
Dans les Evangiles et les Actes, il est souvent mentionné en rapport avec les Juifs. Dans le reste du Nouveau Testament il est cité seulement deux fois pour sa signification spirituelle et comme type de Christ.
Col 2:16; Hé.4:4
1. Ainsi personne ne doit être jugé sur l'observation d'une fête, d'une nouvelle lune ou des sabbats. Col.2:16
2. Dans les premiers jours de l'ère chrétienne, certains croyants faisaient encore une distinction entre les jours, d'autres les estimaient tous égaux. Le chrétien sert Christ tous les jours, suivant le principe de la grande commission. Christ sera avec nous tous les jours sans omettre le jour du sabbat. Mt.28:20
3. Les prophètes avaient prédit le déclin de cette institution. Osé. 2:13; Lam.2:6
4. Paul suppliait les Galates de l'ignorer. Ga.4:10
5. Ainsi le vrai repos n'est pas un **quoi** mais un **qui**. Le vrai repos c'est Jésus, le Repos des repos (1) du peuple de Dieu. Mt.11: 28; Hé.4:9

V. **Le Dimanche: jour du seigneur**
Il n'est pas observé par le chrétien comme un jour de repos pour remplacer le sabbat juif, mais comme un jour d'adoration :
Pour la communion fraternelle et l'adoration de Dieu avec nos biens. 1Co.16:2

Pour commémorer la sainte cène. Ac.20:7
Pour la réunion de la grande assemblée car elle était fondée en ce jour-là. Ac.2:1
1) *Le repos par excellence*

VI. La croix du calvaire

Le Sabbat ni le Dimanche n'étaient pas morts pour les péchés de l'humanité. Jésus sauve aujourd'hui. **Aujourd'hui** peut être n'importe quel jour de la semaine. 2Cor.6:2; Heb.4:7

Conclusion
Cessez les luttes inutiles sur les jours et choisissez Jésus comme Sauveur et Seigneur.

Questions

1. Définissez le sabbat : Cessation, repos

2. Définissez le dimanche : Jour du seigneur

3. Quel jour sauve Sabbat ou Dimanche? Aucun

4. Qui sauve? Jésus seul à la croix du calvaire.

5. A qui Dieu avait Il prescrit le sabbat? Aux juifs

6. A qui Dieu a-t-il offert le salut?
   Au monde entier suivant. Jn.3 :16

Leçon 9
Les Sacrifices Et Le Pardon Des Péchés

Textes pour la préparation: Le.1:1-9; 8:22-29; Ro.12:1-3; 2Co.5: 21; Ga.3:13; Hé.10:14; 13:11-12; 1Jn.1:7

Versets à lire en classe: Le.8:22-29

Verset à mémoriser : Je vous exhorte donc, frères, par les compassions de Dieu, à offrir vos corps comme un sacrifice vivant, saint, agréable à Dieu, ce qui sera de votre part un culte raisonnable. Ro.12:1

But: Montrer la valeur absolue du sacrifice de Jésus-Christ pour notre salut.

Méthodes: Histoires, comparaisons, questions

Introduction
Dieu nous donne toujours et gratuitement ce que nous ne saurions payer. Que lui devons-nous en retour? La réponse est dans le développement de cette leçon.

I. Nous Lui devons des sacrifices
  A. Dans l'Ancien Testament: Le.1:3
  Holocauste ou sacrifice d'expiation: C'était le sacrifice par le feu d'un mâle sans défaut offert à l'Eternel.
  Explication: La victime *devait être dépouillée, coupée par le pécheur et entièrement brûlée par le sacrificateur. Le.1 :6-9*
  Comment était-il offert?
  1. L'homme devait venir en personne pour l'offrir lui- même devant l'Eternel à l'entrée de la tente d'assignation. C'était en vue d'obtenir sa faveur Le.1 :3

2. Il doit s'identifier à la victime en posant les mains sur la tête de l'holocauste Le.1 :4
3. Il égorgera l'animal devant l'Eternel tandis que les sacrificateurs, fils d'Aaron répandront le sang sur l'autel. Le.1 :5
4. Cet acte symbolise la mort de Christ pour expier nos péchés et notre consécration totale à lui à cause de son sacrifice.
Ro.12:1-3

II. **Sacrifice de culpabilité:**
1. Le sacrifice d'expiation était offert à cause d'un *péché commis envers Dieu. Le.1:3-4*
2. Le sacrifice de culpabilité était offert pour *une offense envers le prochain.* Le.5:5-7
3. Celui qui présentait ces sacrifices n'en devait rien manger. Le. 4: 11-12
4. La victime était brûlée hors du camp comme une chose impure. Elle représentait Christ chargée de nos fautes, maudit et fait péché pour nous.
Le.5:13; Hé.13:11-12; 2Co. 5:21; Ga.3:13

III. **Sacrifice de consécration**
1. Ici c'est Moïse qui préside à la cérémonie de consécration des sacrificateurs. Le.8:22-24
2. Il demande à Aaron et à ses fils de poser leurs mains sur un bélier. Le.8:22-24
3. Il égorgera un bélier et mettra du sang sur l'oreille droite, le pouce de la main droite et sur le gros orteil du pied droit d'Aaron et de ses fils. Ce signe représente la consécration obligatoire du sacrificateur à Dieu dans *toutes* ses facultés. Le.8:22-24

4. Moise mettra dans la main d'Aaron et de ses fils du pain sans levain, de la graisse, de la queue, le grand lobe du foie et l'épaule droite de l'animal. Puis il les agitera devant l'Eternel Le.8 :27 et enfin il les ***brûlera*** sur l'autel par-dessus l'holocauste.
Le.8 :27-28
C'est le signe du corps du croyant meurtri; tout en lui qui peut exciter les passions où l'orgueil est ***brûlé*** devant l'Eternel. Le.8:25-29

B. Dans le Nouveau Testament
Jésus s'est offert tout entier comme la victime expiatoire pour nos péchés. Par une seule offrande, le sacrifice de son sang, Il nous purifie de tout péché. Heb.10:14; 1Jn.1: 7b
A notre tour, nous devons nous consacrer à lui comme un sacrifice vivant, saint et agréable. Nos biens, notre temps, nos talents, nos membres, nos facultés sont couverts de son sang et par son Saint Esprit. Nous devons nous livrer à lui sans condition. Ro.12:1-3

Conclusion
Pécheurs, Jésus a déjà payé pour votre salut. Venez à lui maintenant sans condition !

Questions

1. Expliquez le sacrifice d'expiation
 C'est le sacrifice par le feu d'un mâle sur l'autel. Le pécheur doit poser la main sur le sacrifice pour s'identifier à lui.

2. Pourquoi doit-on présenter le sacrifice de culpabilité ? Pour expier les torts faits au prochain

3. Qui préside à la cérémonie de consécration ? Moïse

4. Qui est la victime expiatoire pour nos péchés ? Jésus

Leçon 10
La Lèpre Et Ses Conséquences

Textes pour la préparation: Le.chap13; 2R.5:1-19; Lu.17:11-19; 1Jn.1:7
Versets à lire en classe: Lu.17:11-19
Verset à mémoriser: Dès qu'il les eut vus, il leur dit: Allez vous montrer aux sacrificateurs. Et, pendant qu'ils y allaient, il arriva qu'ils furent guéris. Lu.17:14
But: Présenter Jésus comme le médecin des cas impossibles
Méthodes: Histoire, comparaisons, questions

Introduction
Cette maladie n'est point à la mort...Quelle exclamation de joie peut susciter une telle déclaration? Allons de préférence voir de quelle maladie et de quel médecin il s'agit.

I. Une maladie qui mène à la mort: la lèpre
A. Une mort civile
Symptômes:
1. Boursouflure, croûte ou point lisse s'étendant sur le corps et blanchissant le poil des parties malades. Lev.13: 2, 3, 8, 24, 25
2. La lèpre attaque surtout le cuir chevelu, le pourtour des lèvres, le menton, le sommet de la tête ou du front devenus chauves.
3. La lèpre peut aussi apparaître dans des brûlures. Lev.13:24, 29, 30, 42

4. Le lépreux devait se présenter maintes fois devant le sacrificateur pour un diagnostic. Celui-ci peut prescrire la quarantaine pour les cas sans gravité. Mais si la lèpre est profonde, le lépreux est banni de la société. C'est la mort civile du citoyen. Le.13: 21,25

Dans les cas les plus graves, le lépreux perd les phalanges des doigts de la main et des orteils. Les cheveux, les ongles, les articulations, la gencive et les dents disparaissent lentement, de même que le nez, les yeux, la langue, le palais.

Remarquez que les Syriens ne pensaient pas que cette maladie répugnante fût contagieuse. Le roi de Syrie s'appuyait sur la main de Naaman le lépreux, qui vit au milieu de sa famille. 2R.5:18. Les Israélites au contraire, bannissaient les lépreux de la société. Le.13:45-46; Lu.17:12

Ils devaient porter des vêtements déchirés, se couvrir la barbe et vivre en dehors de la société. A l'approche de tout homme, ils doivent sonner l'alarme et crier: Impur, impur!

B. Une mort spirituelle

A sa venue, Jésus réintègre les lépreux dans la société. Lu.17: 11-19

Il donna, dirait-on, un *certificat de santé* à dix lépreux et les envoya auprès du sacrificateur pour valider leur certificat. Chemin faisant, tous étaient guéris. Jésus avait fait exprès pour leur montrer qu'il est le Souverain Sacrificateur et que le mal incurable était désormais curé. Lu.17:14

La lèpre du péché est une impureté qui écarte l'homme de la communion avec Dieu. Mais Jésus nous en purifie par son sang. Ro.3:23; 6:23; 1Jn.1:7

L'eau pure de notre propre justice, de notre idéologie ou de notre religion personnelles ne peuvent nous sauver. 2R.5: 12

Conclusion
Votre maladie ne peut contaminer Jésus. Il peut vous toucher sans porter des gants aux mains et un masque au visage. Venez-vous jeter dans ses bras.

Questions

1. Qu'est-ce que la lèpre? Une maladie incurable

2. Quelles furent les mesures prises par le sacrificateur en cas de lèpre?
   La mise en quarantaine ou le bannissement du lépreux.

3. Quelle était la condition sociale du lépreux?
   Il connut la mort civile.

4. Que fit Jésus? Il réintègre les lépreux dans la société.

5. Comment? Par la guérison de ce mal incurable.

6. Que représente la lèpre?
   Le péché qui nous écarte de la communion avec Dieu

7. Qu'est-ce qui peut nous purifier de la lèpre du péché?
   Le sang de Jésus.

Leçon 11
Le Sang Dans La Religion Du Chrétien

Textes pour la préparation: Ge.4:10; 9:3,4; Ex. 24:8; Lé. 8:23, 30; 17:10-12; De.12:23; Mt.26:28; Ep.2:13 He. 9:18-22; 12:24; 1Pi. 1:19; 1Jn.1:7; Ap. 12:11.
Versets à lire en classe: Lév.17:10-13
Verset à mémoriser: Celui qui mangera du sang d'une espèce quelconque, celui-là sera retranché de son peuple. Lév.7:27
But: Montrer la valeur du sang dans notre rédemption
Méthodes: Discussion, comparaisons, questions

Introduction
Dieu fait circuler dans le sang *le principe de vie*. Il attache tant d'importance au sang qu'Il l'identifie à la vie.

I. **Signification du sang dans l'Ancien Testament.**
   Lé. 17: 10-12
   Sa teneur:
   a. La vie. De.12:23
   b. Le principe de vie. Lé. 17:11
   c. Dieu réclame vengeance pour le sang d'Abel Ge.4:10
   d. On peut manger de la viande mais pas avec le sang. Ge.9:3,4

   Selon la Loi, la mort est la sanction du péché; pour obtenir le pardon, il était indispensable de sacrifier la vie d'un substitut, préfigurant le sacrifice du calvaire. Hé.9:22. Le sang était là seulement pour être appliqué sur les personnes ou les objets qu'on doit purifier. Lé.8:23, 30; Ex. 24:8; Hé. 9:18-22. Par ce symbole, le sacrificateur disait à l'Eternel: «En somme: l'homme ou le peuple que je représente aurait dû mourir à cause de son péché. Mais le sang, que voici prouve qu'une victime a été offerte à sa place. La loi est satisfaite. Veuille donc pardonner selon ta promesse.

II. **Signification du sang dans le Nouveau Testament**
Différents noms:
1. Sang de Jésus. 1Jn.1: 7
2. Sang de Christ. Ep.2:13
3. Sang de l'Agneau. Ap. 12:11
4. Sang de l'alliance. Mt.26:28
5. Sang de l'aspersion. Hé.12:24

Ils sont tous des métaphores représentant la ***mort expiatoire de Jésus***, sans laquelle le salut est impossible.

Ainsi le sang est là **pour être versé en vue de la rédemption** d'un pécheur et **non pour le plaisir de tuer**. C'est pourquoi les partisans de la peine capitale ne pardonnent pas à ceux qui versent le sang de leur prochain injustement.

Ce que le sang représente :
I. *Dans l'Ancienne Alliance*
  1. C'est un signe de rachat, de rédemption. Ex. 12:13,23
  2. Un sacrifice d'expiation .Lé.17:11
  3. Un signe d'une vie sacrifiée pour sauver une vie non sacrifiée. Lé.17:11

II. *Dans la Nouvelle Alliance*
1. Moyen de pardon. Hé.9:22; Ap.1:6
2. La signature de Christ sur son Eglise. 1Co.11:25
3. Les frais qu'il consentait à payer pour avoir l'Eglise. 1 Pi. 1:18-19

Conclusion
Puisque le sang de Jésus nous purifie de tout péché, renonçons à nos œuvres mortes et servons Le dans un esprit nouveau.

Questions

1. Que représente le sang dans l'Ancien Testament?
   La vie, le principe de vie, un signe de rachat.

2. Pourquoi Dieu réclame le corps d'Abel de son frère?
   A cause du sang versé.

3. Quelle est la sanction pour le péché dans l'Ancien Testament? La mort

4. Pourquoi Dieu avait-il défendu de manger le sang?
   Parce qu'il porte la vie. C'était le prix à payer pour racheter une autre vie.

5. Donner un nom pour sang de l'agneau.
   Le Sang de l'alliance.

6. Que représente le sang dans le Nouveau Testament?
   Un moyen de pardon, la signature de Christ sur l'Eglise, les frais payés par Christ pour notre salut.

Leçon 12
Conception Virginale De Marie

Textes pour la préparation: Mt.1:18-25; Lu. 1:26-45; 2:52; Jn.19:41-42
Versets à lire en classe. Lu.1:26-38
Verset à mémoriser: L'ange lui répondit: Le Saint Esprit viendra sur toi, et la puissance du Très Haut te couvrira de son ombre. C'est pourquoi le saint enfant qui naîtra de toi sera appelé Fils de Dieu. Lu.1:35
But: Exalter la vie pure de Marie, la mère du Seigneur
Méthodes: discussion, questions

Introduction
Une naissance pas comme les autres: Jésus est né d'un père d*ivin* et d'une mère *humaine*. Et la bible l'explique.

I. La réalité humaine de Jésus Christ:
1. **Il était né d'une vierge, du village de Nazareth.** Marie dira: «Je n'ai point connu d'homme.» Elle était fiancée mais non en *concubinage* avec Joseph. Luc.1:34.
2. **Jésus a eu un corps normal d'une femme normale.**
   C'est pourquoi il croissait en sagesse, en stature et en grâce devant Dieu et devant les hommes Lu.2:52
3. **Il eut une dimension humaine:**
   Il était donc assujetti à toutes les situations humaines: naissance, sommeil, faim, fatigue, soif, souffrance, persécutions, mort.
   Es.9:5; Mt.8:24; 21:18; Jn. 4:6; 19:28, 30

4. **Il eut un nom d'homme.**
   Un nom dérivé de Josué ou Jeshua en hébreu qui veut dire sauveur. Mt.1:21

II. **La réalité divine de Jésus-Christ**
   1. **Conception purement spirituelle:**
      a. L'ange dit à Marie: le **St Esprit** te couvrira de son ombre. Le **Saint Enfant** qui naîtra de toi sera appelé **Fils de Dieu**.
      b. Dieu choisit d'avance le sexe de l'enfant. Lu.1:35
   2. **Dimension spirituelle:**
      a. Puisque le St Esprit a mis l'enfant dans le sein de Marie, l'enfant doit être de la nature de son Père. Et puisque le Père est Dieu, le Fils est Dieu, lui aussi. Moi et le Père nous sommes un. Je suis dans le Père et le Père est en moi. Jn.10:30; 14:10-11
      b. Il imite son Père. Jn.14:10 L'Esprit n'a pas de commencement, Jésus non plus. Jn.1:1; 17:1

Discussion dans la classe:
Jeune fille, posez-vous ces questions:
Si Dieu a une mission *spéciale* à remplir sur la terre, peut-il me choisir? Je dois donc me demander:
1. Combien d'amants ai-je connus dans ma vie?
2. Combien d'aventures sexuelles ai-je expérimentées?
3. Combien de signatures de jeunes garçons ai-je sur mon corps et dans ma conscience?

Jeune garçon, faites de même:
1. Accepterai-je l'intervention de Dieu dans mes relations sentimentales?
2. Accepterai-je que Dieu me façonne une fiancée?
3. Donnerai-je à Dieu la priorité dans mon mariage?

III. Résultats
A. **Pour vous**:
Un mariage solide avec succès en tout.
B. **Pour Marie**: Dieu lui a donné au moins 7 autres enfants après Jésus. Mt.13:55; Mc.6:3

C. **Pour Jésus**:
Il est réputé: Dieu puissant. «Jamais homme n'a parlé comme cet homme» Jn.7:46
Il est un spécialiste dans tous les cas de maladies, même incurables: boiteux, aveugle-né, paralysés, lépreux. Mt.8:14-17; Lu.5: 26
Il est venu du Père (du ciel) il s'en ira au Père. Jn.19:30; 20:17

Conclusion

Félicitations à Marie pour sa fidélité, sa disponibilité! Gloire à Jésus pour sa mission accomplie! Que dois-je dire pour vous?

Questions

1. Qui est le père de Jésus-Dieu ? Dieu le Père

2. Qui est la mère de Jésus Dieu? Personne

3. Qui est la mère de Jésus homme? Marie

4. Quelle était la grande vertu morale de Marie? Elle était vierge.

5. Comment? Quoique fiancée à Joseph, elle se gardait pure.

6. Quel était le nom d'homme du Seigneur? Jésus

7. Quel était son nom divin? Christ

8. Avait-il un développement normal? Oui

9. Comment eut lieu sa naissance? Par l'opération du Saint Esprit.

10. D'où lui vient sa puissance? De son Père

11. Pourquoi dit-on qu'il est Dieu? Parce que son Père est Dieu

12. Environ combien d'enfants avait Marie? Huit

13. Quelle était la spécialité de Jésus Christ? Il était un spécialiste dans tous les cas de maladie.

14. Ou allait-il à sa mort? Il est retourné à son Père.

Récapitulation Des Versets.

| Leçons | Sujets | Versets |

1. **Leçon inaugurale: Les Premiers Pas** Jn.8:29
Celui qui m'a envoyé est avec moi, et il ne m'a pas laissé seul, parce que je fais toujours ce qui lui est agréable.

2. **La Sortie d'Egypte Ou La Conversion Du Pécheur.** Ex.14:13
Moïse répondit au peuple: ne craignez rien, restez en place, et regardez la délivrance que l'Eternel va vous accorder en ce jour: car les Egyptiens que vous voyez aujourd'hui, vous ne les verrez plus jamais.

3. **Le Repas Pascal Ou La Rédemption Du Pécheur** Ex.12:13
Le sang vous servira de signe sur les maisons ou vous serez; je verrai le sang et je passerai par-dessus vous, et il n'y aura point de plaie qui vous détruise, quand je frapperai le pays d'Egypte.

4. **L'oasis Dans Le Désert Ou L'abondance De La Grâce** Ex.17:6
Voici, je me tiendrai devant toi sur le rocher d'Horeb; tu frapperas le rocher et il en sortira de l'eau, et le peuple boira

5. **La Manne Dans Le Désert Ou Jésus Le Pain De Vie** Jn.6:51a
Je suis le pain vivant qui est descendu du ciel; si quelqu'un mange de ce pain, il vivra éternellement.

6. **Amalek Ou L'épreuve Subite Dans La Vie Du Chrétien** Ex.17:16
Parce que la main a été levée sur le trône de l'Eternel, il y aura guerre de l'Eternel contre Amalek de génération en génération.

7. **Sinaï Ou Golgotha** Ex.19:5
   Maintenant, si vous écoutez ma voix et si vous gardez mon alliance, vous m'appartiendrez entre tous les peuples, car toute la terre est a moi.

8. **Sabbat Ou Dimanche** Mc.2:27
   Le Sabbat a été fait pour l'homme et non l'homme pour le Sabbat.

9. **Les Sacrifices Et Le Pardon Des Péchés** Ro.12:1
   Je vous exhorte donc frères, par les compassions de Dieu, à offrir vos corps comme un sacrifice vivant, saint et agréable à Dieu, ce qui serait de votre part un culte raisonnable.

10. **La Lèpre Et Ses Conséquences** Lu.17:14
    Dès qu'il les eut vus, il leur dit: allez vous montrer au Sacrificateur, et pendant qu'ils y allaient, il arriva qu'ils fussent guéris.

11. **Le Sang Dans La Religion Du Chrétien** Lev.7:27
    Celui qui mangera du sang d'une espèce quelconque sera retranché du milieu de son peuple.

12. **La conception virginale de Marie** Luc. 1:35
    Le Saint Esprit viendra sur toi, et la puissance du Très-Haut te couvrira de son ombre. C'est pourquoi le saint enfant qui naîtra de toi, sera appelé Fils de Dieu.

GLOSSAIRE

Agressif: Qui marque la volonté d'attaquer, de critiquer sans ménagement; qui a tendance à attaquer, à rechercher la lutte.
Ampleur: Caractère de ce qui est important, étendue.
Assommer: Tuer à l'aide d'un coup violent sur la tête; fig. Affliger profondément.
Bambin: Jeune enfant, âgé environ de deux à quatre ans.
Bannissement: Peine interdisant à un citoyen de séjourner dans son pays.
Baptême d'Initiation: rite d'affiliation à un système.
Barricade: Obstacle fait de l'amoncellement d'objets divers pour se mettre à couvert dans un combat de rues.
Bénin: Sans conséquence grave.
Bureaucratie: Pouvoir d'un appareil administratif.
Caducité: Etat d'une personne **caduque** (*qui touche à sa fin, menace ruine; qui est destiné à tomber, à se détacher après avoir rempli une fonction*). Annulation, Vieillesse
Cataclysme: (tremblement de terre, cyclone), catastrophe, désastre.
Conférer: Accorder en vertu d'une autorité. Administrer, attribuer, donner, consacrer, ordonner.
Contaminer: Souiller par un contact impur. Transmettre une maladie à quelqu'un. Fig. Avoir une mauvaise influence sur quelqu'un.
Contre-ordre: Un ordre qui remplace le premier.

Cuisante: Qui produit une sensation douloureuse analogue à celle d'une brûlure. Qui provoque une douleur, une peine vive.

Cynisme: *qui exprime ouvertement et sans ménagement des sentiments, des opinions qui choquent le sentiment moral ou les idées reçues, souvent avec une intention de provocation).* Brutalité, Impudence

Décimer: Dans l'antiquité romaine, Mettre à mort une personne sur dix, désignée par le sort. Faire périr un grand nombre de personnes dans un ensemble.

Défaveur: Perte de la faveur, de l'estime; disposition défavorable.

Despotique: Qui est propre au **despote** (*souverain qui gouverne avec une autorité arbitraire*).

Discriminer: Faire la distinction entre des personnes ou des choses.

Dynastie: Succession des souverains ou d'hommes célèbres, dans une même famille. Période pendant laquelle ont régné les souverains appartenant à une même famille.

Eliminer: Faire disparaître, supprimer (ce qui est considéré comme gênant, inutile ou nuisible). Rejeter, retrancher d'un ensemble.

Emboucher: Mettre à sa bouche (*un instrument à vent*).

Endoctriner: Faire adopter ou imposer une idée ou une doctrine à quelqu'un.

Epopée: Suites d'actions réelles, mais extraordinaires ou héroïques.
Equivoque: Qui offre un même son à l'oreille, mais un sens différent à l'esprit. Qui peut s'interpréter de plusieurs manières, qui par conséquent ne sont pas clair.
Eunuque: Homme châtré qui gardait les femmes dans les harems. Homme qui a subi une castration. Homme sans virilité (physique ou morale).
Expositoire: (*Théol.*) Présentation d'un sujet avec une idée soutenue du commencement jusqu'à la fin.
Fatalisme: Doctrine selon laquelle tous les événements sont fixés à l'avance par le destin, la fatalité. Attitude morale, intellectuelle par laquelle on pense que ce qui arrive devait arriver et qu'on ne peut rien faire pour s'y opposer.
Fiasco: Défaillance, échec complet et notoire.
Force rémanente: Ici, la manifestation de la puissance du Saint Esprit dans les choses touchées par le croyant.
Fracasser: Mettre en pièces, briser avec violence.
Garnison: Troupes qu'on met dans une place, pour en assurer la défense et tenir le pays. Corps de troupes casernées dans une ville.

Grain de Madioc. (*Créole.*) Un os de chien que le paysan attache au cou d'un enfant pour le préserver de mauvaise guigne.
Grande Première: Un événement sans précédent
Homilétique: Partie de la rhétorique qui traite de l'éloquence de la chaire.
Identification: Action d'identifier. Processus par lequel un individu se constitue sur le modèle de l'autre.
Immersion: Action d'immerger, de plonger dans un liquide.
Impliquer: Engager dans une affaire fâcheuse; mettre en cause dans une accusation.
Incurable: Qui ne peut être guéri (**inguérissable**)
Invétéré: Fortifié et enraciné avec le temps (ancré). Qui est tel depuis longtemps.
Je m'en fichisme: Attitude de quelqu'un qui manifeste une indifférence à l'égard de ce qui devrait l'intéresser ou le préoccuper.
Jupon siam: (*Créole*). Jupon en tissu de siam porté par les initiés du vaudou pour être agréables aux loas.
Koupé Gad: (*Créole*). Incisions faites par le ***houngan*** sur poignet d'un individu pour décupler ses forces surtout au moment du danger.
Lapidation: Action de tuer à coups de pierres.

Légalisme: Attitude légaliste (*qui pratique un respect absolu de la loi religieuse, de sa lettre*),

Licite: Qui n'est pas défendu par la loi, par l'autorité établie

Lucide: Clair, lumineux. Qui perçoit, comprend, exprime les choses (notamment celles qui le ou la concernent) avec clarté, perspicacité. Clairvoyant sur lui-même sur son propre comportement.

Lucratif: Qui procure un gain, des profits, des bénéfices.

Main Libre: Ici sans utiliser aucune arme extérieure.

Mandat: Acte **(contrat unilatéral)** par lequel une personne (mandant) donne à une autre (mandataire) le pouvoir de faire ou de dire quelque chose pour elle et en son nom.

Mignon: Qui a de la grâce et de l'agrément, dans la petitesse, la délicatesse. Aimable et gentil, complaisant.

Momie: Substance bitumineuse utilisée pour l'embaumement des cadavres. Cadavre desséché et embaumé par les procédés des anciens Egyptiens. Immobile, Inactif

Néotestamentaire: Du Nouveau Testament

Notoire: Qui est connu d'une manière sure, certaine et par un grand nombre de personnes. Célèbre, très reconnu.

Panel: Echantillon permanent de personnes que l'on interroge régulièrement sur différents sujets. Groupe de discussion, animant une table ronde.
Papa Legba: *Mythol.* Dieu des moissons en Afrique.
Pédagogue: Maître, précepteur (éducateur). Personne qui a le sens de l'enseignement.
Pédéraste: Homme qui a des relations sexuelles avec d'autres hommes (homosexuel).
Phalange: Formation de combat dans l'armée grecque. Armée, corps de troupes. Groupe dont les membres sont étroitement unis.
Port d'attache: Point de référence.
Prédisposer: Disposer d'avance quelqu'un à quelque chose, mettre dans une disposition favorable **(préparer)**.
Pressentiment: Phénomène subjectif interprété comme la connaissance intuitive et vague d'un événement qui ne peut être connu par un moyen naturel.
Pyramide: Grand monument à base quadrangulaire et quatre faces triangulaires, qui servait de tombeau aux pharaons d'Egypte. Monument moderne de même forme.
Quarantaine: Isolement imposé à des personnes contagieuses ou supposées contagieuses. Situation d'une personne exclue, par la volonté d'un groupe social, de tout rapport avec les éléments de ce groupe.

Raclée: Volée de coups, correction. Par exemple: Il lui a flanqué une bonne raclée.
Ravitailler: Pourvoir (une armée, une place, une flotte etc.), de vivres, de munitions, etc. Fournir une personne ou, plus souvent une communauté de vivres, de denrées diverses. Se procurer ce dont on a besoin (vivres, objets de consommation renouvelables).
Rencontre au Sommet: Referendum
Réplique: Action de répondre; réponse à ce qui a été dit ou écrit. Réponse vive, faite avec humeur et marquant une opposition. Riposte.
Sak kolèt *(Créole).* Pièce de tissu en fibre de sisal appliquée au jupon pour s'attirer de la chance.
Saint Patron: Saint dont on a reçu le nom au baptême; qu'un pays, une confrérie, une corporation reconnaît pour protecteur à qui est dédiée une église, une chapelle.
Souverain: Qui est au-dessus des autres, dans son genre (supérieur, suprême). D'une efficacité absolue.
Statère: Monnaie d'argent valant de deux à quatre drachmes. (Poids de valeur variable, de 8 à 12 grammes)
Stratégie: Ensemble d'actions coordonnées, de manœuvres en vue d'une victoire. Art de faire évoluer une armée sur un théâtre d'opérations jusqu'au

	moment où elle entre en contact avec l'ennemi.
Suffisance:	Satisfaction de soi (*comblé, qui n'a plus besoin d'autre chose*). Satisfaction
Téléguider:	Diriger par téléguidage (*fig. inspirer la conduite de quelqu'un par une influence occulte*), télécommande
Valider:	Rendre ou déclarer valide (*qui présente les conditions requises pour produire son effet; qui n'est entaché d'aucune cause de nullité*).

Vétérotestamentaire: De l'Ancien Testament
Virus: Substance organique ex: (pus) susceptible de transmettre la maladie. Principe moral de contagion.

Contents

LA TORCHE BRULANTE 1
TOME 3 1
Série I-L'Evangélisation 4
Avant-propos 5
L'EVANGELISATION 5
Leçon 1 7
L'Evangélisation, Un Commandement Néo-Testamentaire 7
Leçon 2 11
La Nécessité De L'Evangélisation 11
Leçon 3 14
Les Disciples dans l'Evangélisation 14
Leçon 4 17
Les Apôtres dans l'Evangélisation 17
Leçon 5 21
La Stratégie Dans L'Evangélisation 21
Leçon 6 24
Les Méthodes D'Evangélisation 24
Leçon 7 27
Les Méthodes D'Approche Dans L'Evangélisation .. 27
Leçon 8 30
Le Message D'Evangélisation 30
Leçon 9 34
L'Evangélisation Dans La Famille 34
Leçon 10 37
L'Evangélisation Des Idolâtres Et Des Vodouisants 37
Leçon 11 41
L'Evangélisation des Judaïsants 41
Leçon 12 45
Les Effets Négatifs A Eviter Dans L'Evangélisation 45
Récapitulation des versets 48
SERIE II 50

DES HOMMES MECHANTS DANS LA BIBLE. 50
Des Hommes Méchants Dans La Bible 51
Leçon 1 52
Caïn, Le Premier Criminel 52
Leçon 2 56
Les Frères De Joseph, Une Gangue De Méchants ... 56
Leçon 3 59
Les Frères de Joseph, Leur Sort (suite) 59
Leçon 4 62
Les Pharaons, Suppôts de Satan 62
Leçon 5 65
Les Espions En Canaan, Des Déléguées De Mauvaise Foi 65
Leçon 6 68
Les Aigris et les Ambitieux du Pouvoir 68
Leçon 7 71
Un Chef d'Etat Paranoïaque et Sadique 71
Leçon 8 74
Les Intrigants Sans Vergogne 74
Leçon 9 77
Haman, L'Ennemi Juré des Juifs 77
Leçon 10 80
Saul, Une Ame Damnée 80
Leçon 11 Des Hommes Cyniques et Méchants sous le 84
Règne de David 84
Leçon 12 88
Des Chrétiens De Mauvaise Foi 88
Récapitulation Des Versets 91
SERIE III- LE SALUT 93
Avant-propos 94
L'auteurLe péché, cause de notre perdition 94
Leçon 2 98
La Conversion 98

Leçon 3 101
Conversion (Suite) 101
Leçon 4 105
La Repentance, Une Obligation 105
Leçon 5 108
La Repentance 108
Leçon 6 112
La Restitution 112
Leçon 7 117
'endoctrinement 117
Leçon 8 Le Baptême 120
Evangélique, Une Obligation 120
Leçon 9 123
La Grâce, Une faveur Immérité De Dieu 123
Leçon 10 126
La Foi dans le Salut du Croyant 126
Leçon 11 129
Le Jeûne, Une Diète Spirituelle 129
Leçon 12 132
La prière 132
Récapitulation Des Versets 135
SERIE IV-La Marche Dans Le Désert 137
Avant-propos 138
Leçon 1 139
Les Premiers Pas 139
Leçon 2 143
La Sortie D'Egypte Ou La Conversion Du Pécheur
.... 143
Leçon 3 146
Le Repas Pascal Ou La Rédemption Du Pécheur .. 146
Leçon 4 149
L'Oasis Dans Le Désert Ou L'abondance De La
Grâce 149
Leçon 5 152

La Manne Dans Le Désert Ou Jésus Le Pain De Vie 152
Leçon 6 156
Amalek Ou La Lutte Contre Le Malin..................... 156
Leçon 7 160
Sinaï Et Golgotha... 160
Leçon 8 164
Sabbat Et Dimanche... 164
Leçon 9 167
Les Sacrifices Et Le Pardon Des Péchés 167
Leçon 10 171
La Lèpre Et Ses Conséquences............................... 171
Leçon 11 175
Le Sang Dans La Religion Du Chrétien 175
Leçon 12 178
Conception Virginale De Marie.............................. 178
Récapitulation Des Versets 182
GLOSSAIRE... 184

Rev. Renaut Pierre-Louis

Esquisse biographique

Pasteur de l'Eglise Baptiste à Saint Raphael.	1969
Diplômé du Séminaire Théologique Baptiste d'Haiti,	1970
Diplômé de l'Ecole de Commerce Julien Craan,	1972
Professeur de langues vivantes au Collège Pratique du Nord au Cap-Haitien	1972
Pasteur de la Première Eglise Baptiste au Cap-Haitien,	1972
Pasteur de l'Eglise Redford, Cité Sainte Philomène,	1976
Diplômé de l'Ecole de Droit du Cap-Haitien,	1979
Fondateur du Collège Redford et de l'Ecole Professionnelle ESVOTEC,	1980

Pasteur militant depuis 50 ans, avocat, poète, écrivain, dramaturge, ce serviteur du Seigneur vous revient aujourd'hui avec « ***La Torche Coupante*** », un ouvrage didactique, de haute portée théologique qui a déjà révolutionné le système d'enseignement dans nos Ecoles du Dimanche et dans la présentation du message de l'Evangile.

Encore une fois, pasteurs de recherche, prédicateurs de réveil, moniteurs de carrière, chrétiens éveillés, prenez « ***La Torche Coupante*** » et passez-la. 2Tim.2 :2

www.ingramcontent.com/pod-product-compliance
Lightning Source LLC
Chambersburg PA
CBHW071914110526
44591CB00011B/1671